Jovan Strezovski
STREPNJA

REČ I MISAO

NOVA SERIJA

413

Sa makedonskog preveo
RISTO VASILEVSKI

Pogovor
HRISTO GEORGIJEVSKI

Urednici
JOVICA AĆIN
DRAGAN LAKIĆEVIĆ

JOVAN STREZOVSKI

STREPNJA

IZDAVAČKA RADNA ORGANIZACIJA ,,RAD"
BEOGRAD, 1988.

I

Danima je daždilo; kiše su pljuštale kao iz kabla; nije se znalo šta je nebo a šta zemlja; behu spojeni, pomešani, prava kaša; hučale su reke, potoci, jaruge, dubodoline; dovlačile su sa planina raznu trulež, drvlje i kamenje; izlivala se voda po selu, plavila: dvorišta, kuće, plevnje, ćilere, košare, koševe, voćnjake, gumna, njive, torove, stogove, lisnike — plavila je sve; ljudi su jadikovali što ne mogu da iziđu napolje, stoka je rikala od gladi, kokoške su kokodakale penjući se na plevnje i kokošinjce i bežeći od vode koja je rasla; pregladnele kljucale su grede i crep; kučići su plivali po vodi vukući utopljenu živinčad da bi se prehranili; ljudi su posmatrali tužno iz kuća, sa prozora, buljili su u vodu, u dažd koji je stalno lio kao da se izliva iz nekih nebeskih mora; voćke u voćnjacima i po dvorištima štrčale su vrhovima iznad vode kao davljenici koji traže pomoć; lakši predmeti: sanduci, korpe, kante, burići i razno voće plivali su po površini, idući tamo gde ih vuku brzaci.

Pitrop Andreja vadio je iz ognjišta zapaljene glavnje, izlazio na čardak i bacao glavnje u vodu da bi kiša stala; žar je cvrčao a para cvilela; okretao je nagalvačke sve posude koje je imao u kući da ne zijaju za kišom; uzimao ikonu sv. Ilije i iznosio je na čardak moleći sveca da naredi kiši da stane.

Slepa Donka je vikala sa čardaka svoje kuće i opominjala ljude da je ne ostave samu, da je povedu ako budu negde bežali, ali od pljuska niko je nije čuo; kao što je voda rasla i zahvatala kuću, tako je i Donka bežala sa donjeg sprata na gornji i spuštala kamen vezan kanapom, pljuskala je po vodi da čuje dokle je stigla. I ponovo je dozivala u pomoć; u uši joj se vraćalo samo rominjanje kiše.

Kad se iscedilo nebo, kiša stade. Poče voda polako da otiče, da ponire u zemlju, da se povlači iz dvorišta, da oslobađa zarobljene kuće, ljude, stoku; ukaza se dúga, te i ona posisa koliko je mogla, dunu vetar, i on poče da isušuje zemlju; pomolilo se i sunce iza oblaka, i ono poče da siše zemlju; iziđoše ljudi iz kuća kao iz Nojevog kovčega, počeše da se ljube što su preživeli ovaj potop, ovu veliku nedaću; javiše se i ptice koje su se bile negde sakrile, baciše se da kljucaju sve do čega bi stigle; tukle su se i čerupale.

Izbistriše se i seoske česme, te su svi u gomili pohrlili da piju koliko mogu i ne mogu — da se nasite; počeše da dime furune po dvorištima, a ljudi da peku hleb, da jedu, da utole glad; hlebove su jeli još vruće, tek izvađene; skupljali su po mulju zaostalo povrće i plodove, prali ih i halapljivo jeli.

Navališe na Cvetkov dućan i popazariše domaće potrebštine i sve što je bilo za jelo; strasni pušači koji su bili ostali bez duvana jedva dočekaše priliku da zaređaju cigaru za cigarom; ostali su vršljali po dućanu, preturali, otvarali sanduke, vreće, kutije; pokupovaše sve što im treba i ne treba; dućandžija Cvetko se molio bogu da ponovo padne kiša. Potom ljudi navališe da kupuju alat za rad; pokupovaše: plugove, grabulje, budake, motike, kosire, testere, eksere i počeše da popravljaju kuće i plevnje, da oru njive, da seju, da sade, da orezuju voćke; terali su stoku da pase u planini, po višim mestima gde je trava bila čista.

Anađija, predsednik Narodnog fronta sela, skupio je narod i organizovao akciju da se očiste dvorišta i sokaci, da se poprave mostići i izlokana mesta u reci, da se zakopaju crknute životinje.

Za prvi praznik, skupiše se ljudi usred sela, nalickani i obučeni u najlepša odela, da ga proslave i da se provesele. Odjekivale su svirke, vilo se kolo.

Zaboraviše se muke, život je krenuo svojim tokom. Ali posle izvesnog vremena zadesio ih je zemljotres, zemlja je zadrhatala, starije kuće popucaše, srušiše se neke plevnje i neki koševi, skljokaše se neki dimnjaci, poprskaše prozori. Od zemljotresa zaljuljao se i brežuljak povrh sela, puklo je nešto u njemu i, zajedno sa sumpornom vodom i parom koje su ranije izbijale iz *duvala* — sad poče da izbija i dim.

Duvalo je ostatak nekadašnjeg kratera, nekadašnjeg vulkana koji je u svoje vreme bio aktivan, ali se smirio, ugasio i oko sebe stvorio plodno zemljište na kojem obilno rađa sve. Iz *duvala* vekovima izbija sumporna para i topla sumporna voda koja se sliva niz breg i širi zadah pokvarenih jaja i sumpora. Pri lepom vremenu para se diže uvis i nestaje u nebu, a pri mutnom, kišnom vremenu, para se spušta u selo, naleže na dvorišta i kuće i ljudima gura u nos svoj smrad. Ali oni su navikli na njega i podnose ga, kao što podnose zadah svoga tela, čak im se čini da bez tog zadaha ne bi mogli ni da žive. Topla sumporna voda leči razne bolesti: reumu, išijas, čir u stomaku, šuljeve, čmičak, ekceme, astmu, žuticu, bubrege, katar i mnoge druge bolesti.

Predanja kažu da vulkan potiče od zmaja. U davnašnje vreme bio je neki zmaj koji je pravio velike štete selu, ljudima; jeo im je letinu i uzimao im najlepše devojke za žene. Zmaj je bio troglavi: iz jednih usta bacao je vatru, iz drugih vodu, a iz trećih je urlikao; mnogi junaci su pokušali da se bore s njim, ali nisu mogli da ga savladaju. Svaka kuća je bila dužna da mu dnevno daje po jednog pečenog vola za jelo; kad je došao red na Čulka Zaumka, on se poslužio prevarom: ispekao je vola i premazao otrovom koji je skupio od više otrovnih zmija; čim je zmaj pojeo vola, otrovao se. Među ljudima je zavlada radost. Vezali su zmaja lancima i vrengijama, upregli su sve seoske volove i odvukli ga na brežuljak, dovukli do velike rupe — provalije, čije se dno nije videlo — i bacili ga u nju; zatrpali su rupu velikim kamenjem i izravnali zemlju da nema od njega ni traga ni glasa.

Posle nekoliko godina zmaj je oživeo i pokušavao da iziđe, napinjući se i tresući zemlju. Ali težina kamenja nije mu dala da iziđe; i on ljut, besan, počeo je kroz jedna usta da izbacuje plamen, kroz druga vodu, a kroz treća da urliče. Ljudi su se tresli, oduzimali od straha i molili boga da mu ne dâ da iziđe. Bog je uslišio njihovu molbu i nije mu dao da iziđe. Ostao je zauvek unutra. Kroz jedna usta i dalje je izlazila voda, grejala se na plamenu drugih usta i ispuštala smrad iz njegove duše.

Posle *duvala* selo su nazvali Duvlec.

Vulkan je obeležen i u geološkim kartama onog mesta gde se seku 21. stepen istočne geografske dužine i 41. stepen severne geografske širine.

Ljudi su neprestano skretali pogled na *duvalo*. Posmatrali su ga i govorili:

— Bože, celog života smo živeli pored zveri...

II

Čim se pročulo o pojavi dima, u selo pohrliše predstavnici vlasti iz grada. Ljudi nagrnuše oko njih i počeše da ih zapitkuju šta da čine: da beže, da napuste selo? Oni im rekoše da će videti, da će pozvati stručnjake... Posle nekoliko dana stručnjaci zaista stigoše. Popeše se do *duvala* i počeše da mere instrumentima gasove, zatrovanost, dim, brzinu, temperaturu, vibracije... Ljudi se vrzmaše oko njih i zapitkivaše:

— Je li opasno? Hoće li izbiti lava?

— Nadamo se da neće... Ali strpite se, videćemo...

— Ljudi, nemojte se igrati... Bežimo što pre — govorio je Tane seljanima. — Ne znate vi šta znači vulkan. Kad je izbio vulkan Vezuv u Italiji uništio je tri grada; vulkan Karakatu odneo je na hiljade života; vulkan na Martiniku takođe; onda Majon na Filipinima, pa Asama u Japanu, zatim Kalima u Meksiku, Kelud na Javi i drugi vulkani u Indoneziji i u drugim zemljama... Ako izbije noću, dok spavamo, gasovi mogu da nas uguše, užareni pepeo da nas zaspe i da nas ugljeniše, kao što je učinio sa stanovnicima Pompeje. Ali i da danju izbije, nećemo moći da pobegnemo ako erupcija bude velika. Svi su vulkani dole ispod zemlje povezani, imaju svoje puteve, koridore, otvore; mesto izbijanja stalno menjaju da ne bi uništavali samo jedan predeo na zemlji, da ne bi stradali jedni te isti ljudi. Nauka je još nemoćna da ih predvidi...

— O bože, šta smo ti zgrešili... — krstili su se ljudi.

— Manite se panike, ljudi — vikao je predsednik Fronta Anađija — Tane nije nikakav stručnjak... Dru-

govi na vlasti lepo su rekli: kako stručnjaci kažu... A čuli ste šta stručnjaci kažu: da se strpimo, da sačekamo...
— A šta bi ti? Da stvore paniku?! — rekao mu je Tane. — Da kažu da bežimo, nastao bi haos; vlast ne bi znala šta s nama da radi, gde da nas evakuiše, i smesti. A drugo, nauka je još nemoćna da predvidi, zato su stručnjaci obazrivi: nikada sa sigurnošću ne tvrde da li će neki vulkan izbiti ili ne, jer su u prošlosti mnogo puta pogrešili: oni vulkani za koje su tvrdili da neće izbiti izbili su i uništili mnoge živote... Bilo je i obrnutih slučajeva: vulkani za koje su govorili da će izbiti nisu izbili, a izazvali su paniku i grdne nevolje pri bežanju. Zato treba mi sami da procenimo i rešimo šta nam valja činiti. A ovaj dim, sigurno ne kulja na dobro...

Ljudi su dugo lupali glavama ne znajući šta da urade: da ostanu ili da se isele. Ako se isele, kamo da se denu, gde kuću da skuće, kako da prežive; ako ostanu: biće vazda osuđeni na strah, na neizvesnost...

Mil se penjao do *duvala* i kao da je u sebi likovao: aktiviranjem vulkana pružiće mu se mogućnost da ostvari svoje najveću želju — da stvori živu materiju.

Mil je bio čovek koji se bavio naukom. Proučavao je sve i svašta i imao je teorije za mnoge stvari. Ali u poslednje vreme najviše je bio zaokupljen stvaranjem žive materije veštačkim putem, što bi bio poduhvat od dalekosežnog značaja za nauku — nova evolucija.

Baveći se ovim problemom, Mil je stalno eksperimentisao. Ali pošto mu je teško išlo, izlaz je tražio u vulkanima: hteo je da reši stvar uz njihovu pomoć. Vulkani su oni koji su stvorili živu materiju na zemlji; oni sadrže sve potrebne neorganske sastojke za to: amonijak, metan, vodonik, cijanovodonik, ugljen-dioksid i drugo, od čijih se jedinjenja, pod uticajem visoke temperature i prisustvom vodene pare, stvaraju organski molekuli i dolazi do sinteze aminokiselina, nukleinskih kiselina, belančevina i drugih potrebnih molekula za stvaranje žive materije.

Mil je još odavno hteo da krene u svet i boravi kod nekog aktivnog vulkana da bi izučavao ovo pitanje, da bi

II

Čim se pročulo o pojavi dima, u selo pohrliše predstavnici vlasti iz grada. Ljudi nagrnuše oko njih i počeše da ih zapitkuju šta da čine: da beže, da napuste selo? Oni im rekoše da će videti, da će pozvati stručnjake... Posle nekoliko dana stručnjaci zaista stigoše. Popeše se do *duvala* i počeše da mere instrumentima gasove, zatrovanost, dim, brzinu, temperaturu, vibracije... Ljudi se vrzmaše oko njih i zapitkivaše:

— Je li opasno? Hoće li izbiti lava?

— Nadamo se da neće... Ali strpite se, videćemo...

— Ljudi, nemojte se igrati... Bežimo što pre — govorio je Tane seljanima. — Ne znate vi šta znači vulkan. Kad je izbio vulkan Vezuv u Italiji uništio je tri grada; vulkan Karakatu odneo je na hiljade života; vulkan na Martiniku takođe; onda Majon na Filipinima, pa Asama u Japanu, zatim Kalima u Meksiku, Kelud na Javi i drugi vulkani u Indoneziji i u drugim zemljama... Ako izbije noću, dok spavamo, gasovi mogu da nas uguše, užareni pepeo da nas zaspe i da nas ugljeniše, kao što je učinio sa stanovnicima Pompeje. Ali i da danju izbije, nećemo moći da pobegnemo ako erupcija bude velika. Svi su vulkani dole ispod zemlje povezani, imaju svoje puteve, koridore, otvore; mesto izbijanja stalno menjaju da ne bi uništavali samo jedan predeo na zemlji, da ne bi stradali jedni te isti ljudi. Nauka je još nemoćna da ih predvidi...

— O bože, šta smo ti zgrešili... — krstili su se ljudi.

— Manite se panike, ljudi — vikao je predsednik Fronta Anađija — Tane nije nikakav stručnjak... Dru-

govi na vlasti lepo su rekli: kako stručnjaci kažu... A čuli ste šta stručnjaci kažu: da se strpimo, da sačekamo...
— A šta bi ti? Da stvore paniku?! — rekao mu je Tane. — Da kažu da bežimo, nastao bi haos; vlast ne bi znala šta s nama da radi, gde da nas evakuiše, i smesti. A drugo, nauka je još nemoćna da predvidi, zato su stručnjaci obazrivi: nikada sa sigurnošću ne tvrde da li će neki vulkan izbiti ili ne, jer su u prošlosti mnogo puta pogrešili: oni vulkani za koje su tvrdili da neće izbiti izbili su i uništili mnoge živote... Bilo je i obrnutih slučajeva: vulkani za koje su govorili da će izbiti nisu izbili, a izazvali su paniku i grdne nevolje pri bežanju. Zato treba mi sami da procenimo i rešimo šta nam valja činiti. A ovaj dim, sigurno ne kulja na dobro...

Ljudi su dugo lupali glavama ne znajući šta da urade: da ostanu ili da se isele. Ako se isele, kamo da se denu, gde kuću da skuće, kako da prežive; ako ostanu: biće vazda osuđeni na strah, na neizvesnost...

Mil se penjao do *duvala* i kao da je u sebi likovao: aktiviranjem vulkana pružiće mu se mogućnost da ostvari svoje najveću želju — da stvori živu materiju.

Mil je bio čovek koji se bavio naukom. Proučavao je sve i svašta i imao je teorije za mnoge stvari. Ali u poslednje vreme najviše je bio zaokupljen stvaranjem žive materije veštačkim putem, što bi bio poduhvat od dalekosežnog značaja za nauku — nova evolucija.

Baveći se ovim problemom, Mil je stalno eksperimentisao. Ali pošto mu je teško išlo, izlaz je tražio u vulkanima: hteo je da reši stvar uz njihovu pomoć. Vulkani su oni koji su stvorili živu materiju na zemlji; oni sadrže sve potrebne neorganske sastojke za to: amonijak, metan, vodonik, cijanovodonik, ugljen-dioksid i drugo, od čijih se jedinjenja, pod uticajem visoke temperature i prisustvom vodene pare, stvaraju organski molekuli i dolazi do sinteze aminokiselina, nukleinskih kiselina, belančevina i drugih potrebnih molekula za stvaranje žive materije.

Mil je još odavno hteo da krene u svet i boravi kod nekog aktivnog vulkana da bi izučavao ovo pitanje, da bi došao do nekih konkretnijih podataka o katalizatorima, koji pomažu ovaj proces i koji bi mu pomogli da lakše ostvari svoj cilj.

Za takav poduhvat nije imao para. Obratio se vlastima, odbili su ga; zatim raznim institucijama i naučnim društvima, opet isto.

Odlučio je da proda još jednu njivu, kao što je to učinio kad je opremao laboratoriju, ali njegova žena se tome usprotivila. — Ako i nju prodaš — brecnula se na njega — moraćemo s detetom da prosimo hleb po selu...

Hoće-neće, Mil se odrekao toga i nastavio i dalje da eksperimentiše u laboratoriji, izlažući smešu novih anorganskih elemenata ultraljubičastom zračenju, elektricitetu i visokim temperaturama kako bi izazvao impuls u sintezi, u stvaranju organske supstance.

Njegovo pravo ime bilo je Metodija Lečoski, ali on ga je skratio na Mil, uzimajući početna slova imena i prezimena i očevog imena koji se zvao Ilko, da bi se lakše potpisivao i da ne bi stvarao zabunu kod pošte, jer je u selu bio još jedan čovek s takvim imenom i prezimenom: Metodija Lečoski, drvoseča, koji je, začudo, mnogo ličio na njega.

Razmišljajući o dugovečnosti, Mil je imao teoriju da je ona u vezi sa polnim sarzevanjem, te da ono određuje dužinu života. Što se brže polno sazri, to se kraće živi. Navodio je razne primere: pas je sposoban za polno opštenje u drugoj godini, a živi prosečno dvanaest godina; konj, kobila, goveče, sposobni su za polno opštenje u trećoj godini, a žive prosenčno dvadeset godina. S druge strane, pak, jedna vrsta kornjača živi i do trista godina, ali zato polno sazreva mnogo kasnije od drugih kornjača. Čovek, u zavisnosti od rase i geografskog položaja, postaje polno zreo između trinaeste i osamnaeste godine, a živi prosečno šezdeset-sedamdeset godina. Tamo gde polno sazrevaju ranije, ranije umiru. U Africi neka plemena polno sazrevaju u jedanaestoj godini, ali zato im je vek oko četrdeset godina. Znači, zaključivao je, tajna je u polnoj žlezdi. Ako se na njoj izvrši intervencija tako da se kasnije razvije, da kasnije aktivira i luči hormone, čovek će imati duži život. „Znam", govorio je, „čovek je biološki tako progaramiran, ali sa intervencijom na polnoj žlezdi, može ipak malo da se reprogramira..."

„Prirodi", govorio je, „nije važna dužina života, njoj je bitno: svako biće da ostavi potomstvo, da nastavi svoju vrstu, da se reprodukuje. Takav je primer sa lososom i jeguljom koji posle mrešćenja umiru; zatim sa trutom koji skončava sa svadbenim letom, kao i sa mnogim drugim vrstama skakavaca i paukova koji posle oplodnje uginu.

A u tom održavanju vrsta i reprodukcije, pojedini se previše razbacuju i troše, i to bez ikakve potrebe. Na primer, riba: da bi nastavila svoje potomstvo, zavisno od vrste, ona izbacuje od 15 hiljada do 150 miliona ikre godišnje; pčelinja matica za tri godine snese oko tri miliona jaja; žaba šest hiljada godišnje; i čovek se nepotrebno razbacuje: u izlivu semena izbacuje oko 200 miliona spermatozoida. A samo nekoliko od th stotinak milijardi, koliko izbaci u toku života, reproduktivni su: svi ostali ne smognu snagu da obave svoju fiziološku funkciju. A i kad bi smogli, nisu neophodni, jer žena ne može da ih prihvati i iskoristi: ona, u najboljem slučaju, može da se oplodi najviše dvadeset puta.

Ona bića, pak, koja uopšte ne znaju za polno opštenje, već se razmnožavaju deljenjem ćelija — večna su, besmrtna; kao meduze, korali, sunđeri i druga."

Mil je imao i teoriju vezanu za otkrivanje čovekovog karaktera — preko koračanja, hoda. Proučavajući ljude, konstantovao je sledeće:

Oni ljudi koji prave duge korake — sigurni su u sebe, čvrsti, odlučni, energični; ta sigurnost im uliva polet, tera ih da žure, da hitaju putem, da osvajaju prostor, da što pre stignu na cilj; u hodu glava im je podignuta, rukama mašu kao da plivaju; ti ljudi smelo prilaze svemu, ne boje se teškoća, štaviše, često ih potcenjuju; mnoge stvari previđaju, ali greške brzo ispravljaju; retko, ili nikad ne traže nečiji savet ili pomoć; traže da se njihova reč čuje, da ih ljudi slušaju; ako im se priključi neko ko je spor, ili ga primoraju da ih prati, da žuri kao oni, ili ga odbace;

dok koračaju, topoću nogama kao mlat po suknu prilikom valjanja; u hodu zaboravljaju i na muku i na ljutnju. Oni koji gaze sitnim, kratkim koracima, temeljni su ljudi: idu i razmišljaju; hod im je ravnomeran, odmeren, usklađen, kao otkucavanje časovnika: sa hodom su im usklađene i misli, impulsi, držanje tela; oni idu skladno kao da nižu, povezuju korake; ne teruraju se, ne zaleću se naglo napred, niti, pak, naglo zastaju; izbegavaju svaki rizični korak i prilagođavaju se putu; ne skaču preko rupa i rovova, nego ih zaobilaze; dok govore — govore kratko, lagano, odmereno, biraju svaku reč — milina je da ih slušaš: svaka im je reč naglašena i stapa se u lep ritam, u muziku.

Oni koji gaze neujednačeno: čas dugim, čas kratkim koracima; čas brzo, čas sporo, zanoseći telo i izvijajući ga kao da se provlače kroz neke nevidljive prepreke — kolebljivi su, nestabilini, uvek skloni kajanju; idu, a s vremena na vreme osvrću se nazad, kao da ih neko goni; kad naglo stanu, zateturaju se kao da će pasti; nekad idu polako, čas polako, čas brzo — nikad isto; sve što kažu ponove da bi bili sigurni; često, u hodu, dotiču se ramenima da bi održali ritam.

Oni što idu sporo, nogu pred nogu, kao da mere put, kao da ih pokreće neki spori mehanizam — spori su u svemu; u reakcijama, u razmišljanjima, u refleksima, u postupcima, u govoru; ponekad idu tako sporo da se čini kao da dvaput gaze istom nogom: kao da gnječe ili nabijaju nešto pod nogama; ruke drže uz telo ili u džepovima; ne zagledaju u časovnik; skloni su ljudima koji idu sporo kao oni; prema hodu biraju i put kojim će krenuti.

Mil je svoja otkrića slao raznim naučnim društvima u zemlji i inostranstvu, kao i nekim svojim kolegama koji su se, takođe, samouko, bavili naukom. Od nekih je dobijao odgovor, od nekih nije; neki su se oduševljavali i hrabrili ga da nastavi, a drugi ga uopšte nisu shvatali, govorili su mu da ima samo bujnu maštu, naročito kad je u pitanju stvaranje žive materije veštačkim putem. Ta njihova skepsa ličila je na onu koju poseduju ljudi koji ne veruju da je čovek postao od majmuna — dok se lično ne uvere.

A biohemijski ekspetimenti imunoloških reakcija, kao i analiza aminokiselina kod životinja — jasno su dokazivali da je čovek najsrodniji sa šimpanzom i gorilom sa kojima se rastao pre četiri miliona godina, kad je svaki od njih pošao sopstvenim putem razvoja.

„Organski molekul se ne može stvoriti u laboratoriji, ne možeš ti za kratko vreme da stvoriš ono za šta je prirodi trebalo milijardu godina", govorili su mu. A on im je odvraćao: „Mnoge stvari koje su nekad smatrane za nemoguće, danas su stvarnost..." „Taj prirodni proces", govorili su mu, „nije moguće da se imitira, da se kopira; tu moć, tu snagu, poseduje samo priroda — ona je gospodar..." „Bila je gospodar i onda kad se smatralo da se jedan element ne može veštačkim putem pretvoriti u drugi", branio se Mil. „A hemija danas to čini..." „Živi svet", govorili su oni, „stvoren je u određenim uslovima, spontano... Taj spontanitet se ne može stvoriti veštačkim putem..." Drugi su ga hrabrili da ne odustane, jer je taj poduhvat od ogromnog značaja. On će mu doneti svetsko priznanje i slavu. Jer mnogi bezumni ljudi stalno izmišljaju raznorazna sredstva za uništavanje prirode, a on će ovim poduhvatom doprineti da se ona spase... Njegova formula će moći da reprodukuje i obnavlja prirodu, čak i onda kad bude uništena...

III

Mil je sve vreme provodio u laboratoriji; radio je, eksperimentisao i nije se dao obeshrabriti; međutim, bilo mu je krivo što ga niko ne razume, što neće da mu pomogne, da mu dâ sredstva da realizuje svoj poduhvat; seljani, ni ranije nisu obraćali neku pažnju na njega, a naročito ne sada kad su bili izloženi svakodnevnom strahu, kad nisu znali šta će biti sa selom, sa njihovim životima. Pomoć i razumevanje nisu dolazili ni od njegove žene, koja ga je stalno korila govoreći mu da se latio posla od kojeg nema nikakve koristi, nego samo štete.

Jedino mu je sin Bogule bio privržen i mnogo ga je voleo. Ali Bogule je imao „mesečarsku bolest": ustajao je ponekad noću i šetao se. Mil je dugo proučavao tu njegovu bolest. Primećivao je da Bogule šeta i kad nema mesečine. Posmatrajući ga, primetio je da se ta pojava dešava pod uticajem spoljašnjih nadražaja: čim čuje u snu da reka huči, ustaje i polazi ka reci: ulazi u reku da se kupa; čim dotakne vodu budi se, uhvati ga strah i vraća se nazad u krevet; ponekad, kad čuje psa da laje, ustaje, odvezuje ga i vodi u šetnju; čim zaškripi prozor od vetra, učini mu se da je u ljuljašci i počne da se ljulja u krevetu.

Prilikom ustajanja kretanje mu je sporo i kruto; hoda zbunjeno, neodlučno, ali postepeno se privikava: postaje elastičniji, počinje da se orijentiše, dodiruje predmete da vidi gde se nalazi; povremeno zastaje kao da razmišlja šta dalje da čini i kuda da krene; potom kreće sigurnim i tačnim koracima kao da je budan: otvara vrata sobe i izlazi; ako su zaključana, otključava ih; ako ključ nije u vratima, odlazi do prozora, otvara ga, ščepa najbližu granu i niz jabukovo stablo, kao mačka, siđe u dvorište.

Čim ga Mil primeti, krene za njim i prati ga donekle, pazi da mu se nešto ne dogodi. Pošto obiđe mesta koja su ga vukla, vraća se nazad. A pred kućom, Mil istrčava pred njega i otvara mu vrata da uđe; i Bogule ulazi, ali samo ako je prethodno izišao kroz njih; ako je izišao kroz prozor, po nekom instinktu, ponovo se vraća kroz njega, verući se uz drvo niz koje je sišao. Čak i kroz selo vraća se istim putem. Otvorenih očiju kao da gleda.

Mil, sve vreme dok Bogule izlazi i ulazi kroz prozor, stoji pod jabukom i pazi na njega da se ne oklizne, da ne padne, spreman da ga sačeka, da ga zadrži. Pošto je rizično, nikada ga ne budi da bi ga proučavao, da bi eksperimentisao.

Ali Boguletova majka nema nerava i srca da gleda šta radi njen sin, ne može da ga ostavi, da reskira — da se ubije. Zato, čim Bogule legne da spava, uvek pored kreveta stavi korito sa vodom, pa čim on ustane, zagazi u njega i probudi se sav uplašen. I više i ne pokušava da ustane.

No Mil sklanja korito, zaključava vrata, zatvara spolja prozor i, kad Bogule ustane, nastavlja sa svojim eksperimentima u sobi: dâ Boguletu ključ i kaže mu da otključa vrata, i Bogule ih otključa. Kaže mu potom da ih zaključa, i on ih zaključa. Kaže mu da ustane, da popije vodu i da se vrati u krevet da spava. Kaže mu: „Ujutro kad ustaneš, pođi do drvoseče Metodija Lečoskog, odnesi mu pismo koje mi je pošta greškom poslala." Ujutro Bogule ustane, uzme pismo i odnese ga Metodiji Lečoskom. Preda mu ga a da ne zna ni ko mu ga je dao, ni ko mu je rekao da mu ga odnese.

Često, u takvom polusvesnom stanju, Mil mu čita lekcije iz školskih knjiga. Bogule ih sve zapamti i kad ih sutradan priča učitelju, on se čudi otkud ih tako lepo zna.

Jednom kad je Mil ostao cele noći u laboratoriji i nije došao na spavanje, Bogule je zaobišao korito s vodom koje je postavila majka i, kroz prozor koji nije bio zatvoren spolja rajberom, počeo da silazi niz jabuku, ali se okliznuo na vlažnim granama i pao. Povredio je nogu i ruku. Pozvali su doktora Tatulija koji je jednom nedeljno dolazio u selo, on ga je pregledao i rekao:

— Povrede će proći, ali treba paziti na dete... Ne treba mu dozvoliti da se tako šeta.

— Zašto ustaje, doktore? — upitala je Milova žena.

— Ima za to više razloga: psihička napetost, nasledne osobine ili nedovoljna razvijenost sinapsa u mozgu. Ali, s vremenom, posle puberteta, ova pojava somnambulizma će nestati...

Mil mu je kazao kakve sve eksperimente vrši s Boguletom i do kakvih je saznanja došao, na šta mu je lekar rekao:

— Ljudima u takvom stanju mozak je vrlo aktivan, oni su lucidni, ali i veoma sugestivni. Ne treba preterivati sa takvim stvarima jer postoji opasnost da prestane da razlikuje javu od sna... da počne da ih meša...

IV

Julska pripeka; dan je bio pun jare od koje je vazduh treperio; insekti koji bi preleteli sevnuli bi kao upaljeni i ugasili se; selo je bilo pusto, zamrlo. Konj je s mukom teglio kola po neravnom putu, znojio se od vrućine i tegljenja. U kolima je sedelo nekoliko seljaka koji su se vraćali iz grada. Zaklanjali su glave od sunca granama koje su lomili sa drveća pored puta.

I Ilko, Milov otac, vraćao se iz sveta kojim je dugo godina lutao. Iz sela je otišao vrlo mlad. Oženio se veoma rano, po majčinoj želji koja je htela da ga što pre udomi da bi imao ko da preuzme brigu oko kuće i imanja posle očeve smrti. Ali Ilka nije privlačila ni kuća, ni imanje, ni žena, nego — svet. Ta želja za skitanjem primetila se kod njega još dok je bio dete, dok je pravio svoje prve korake, kada su mu, prema starom običaju, prilikom prelaženja praga kuće, da bi izašao i prošetao po dvorištu, stavili razne predmete ispred njega: čekić, mistriju, testeru, sekiricu, knjigu, oglav, štap i druge stvari, da bi, prilikom prelaženja praga, uzeo nešto u ruke kako bi se videlo šta će ga privlačiti u životu kad poraste, za šta će se opredeliti. Ali on ništa od tih stvari nije uzeo. Odmah je, čim je video ptice u dvorištu, prešao prag i pojurio za njima da ih uhvati. „Gle", rekoše njegov otac i majka, „ovome će i pamet odskitati..." Tako je i bilo: što je više rastao, to se manje zadržavao u kući; skitao je po okolnim mestima, pa brdima i planinama. Često su ga uveče, kad je nestajao, tražili fenjerima. Ponekad je ostajao da spava po selima kod nekih prijatelja ili u gradu.

Kad je napunio osamnaest godina, majka ga je oženila. Prve godine rodila mu se kći Kala, a druge — sin

Mil. I tad je odskitao nekud, otišao je i nije se vratio. Prvih godina javio bi se iz nekog grada, iz neke zemlje: „Živ sam..." i toliko. Kasnije mu se izgubio svaki trag. Išao je iz jedne zemlje u drugu, vrzmao se po svetu sa radoznalošću koja ga je vukla sve dalje i dalje... Obišao je Evropu, Ameriku, Afriku, Aziju... Često je pravce i zemlje gde je odlazio određivao sam, a često su ga povlačile i slučajnosti kojima se prepuštao kao otkinuta santa leda, kao list zahvaćen vetrom.

Seljaci u kolima radoznalo su piljili u njega i stalno su ga zapitkivali:

— Gde si proveo sve te godine, Ilko?
— Svuda, po svetu...
— A svet, kakav je svet, Ilko?

Ilko nije bio mnogo raspoložen za razgovor. Sunce mu je udaralo pravo u lice. Rekao je:

— Kako da vam kažem... Kao vrh... Ogroman vrh... Čim se popneš na njega, mnogo dalje vidiš... Vidiš i stvari koje odozdo nisi mogao da vidiš...

Tim odgovorima Ilko je nastojao da im ne dâ mnogo povoda za razgovor. Ipak, posle izvesne pauze, upitaše ga:

— A kako život...
— Kako? — okretao je lulu u ruci, raspaljivao je i povlačio dim. — Kao reka; sa mukama koje podnosi od izvora do uvira: survavanje niz strmine, drobljenje, probijanje tesnaca, malo uspokojavanje u ravnici, ponovo savlađivanje krivine za krivinom, dalje proticanje kroz nove neizvesnosti i iskušenja...

— Ha... — ote se ljudima i oni počeše da klimaju glavama.

Sunce je peklo, probijalo kao svrdlo u glavu. Ali dosadi nije bilo kraja. Ljudi su ponovo okrenuli pogled ka Ilku, ponovo su očima iščekivali i tražili da nesto kaže.

— Šta ti je trebalo da se vratiš sada, kada dim... — rekao mu je jedan od njih pokazujući na brdo i dim koji se ocrtavao u daljini.

— Eh, šta... Da zatvorim krug... — rekao je Ilko.
— A i da realizujem svoju želju: da podignem na brdu banjsko lečilište...
— Kakvao banjsko lečilište?! — zavapiše ljudi. — Pogledaj dim... Svakog trena može vulkan da proradi...
— Vidim ga... — rekao je Ilko. — Saznao sam za njega u gradu... Ali nema opasnosti... Pored mnogih ovakvih vulkana u svetu žive ljudi. Treba se samo privići... Oko vulkna Santa Marija u Gvatemali postoje čitava naselja. Pošto patim od reume, lečio sam se u mnogim banjama sa istom vodom kakvu ima naše selo. I uvek sam mislio na naš brežuljak, uvek sam pomišljao na to da i ovde postoji takva banja: voda je lekovita, a i mesto je prekrasno: sa šumama i čistim vazduhom, sa jezerom u blizini i sa najviše sunačnih dana u godini...

Razgovor u kolima je živnuo.
— Ma hajde, čoveče! — rekao je neko. — Nama se crno piše, a ti...

Ilko je produvao lulu, raspalio je i rekao:
— Katastrofa je bilo i biće... — povukao je nekoliko puta zaredom dim iz lule i nastavio: — Mudrac iz Kalkute kod koga sam radio, govorio je: „Priroda će nam se stalno svetiti... Jer smo mi, dok nismo imali razum, živeli u skladu sa njom, sa njenim zakonima i sa svim onim što živi u njoj. A čim smo dobili razum, čim smo postali svesni sebe, mi smo se odvojili od nje i počeli da vladamo njom, da je potčinjavamo. A ona se stalno opire i kažnjava nas raznim prirodnim katastrofama..."

Ljudi su se naježili.

Ilko je napunio ponovo lulu i nastavio da govori o banji; pri tom je stalno gestikulirao obrvama: čas ih je podizao, čas spuštao, čas jednu podižući, čas drugu spuštajući kao da namiguje, diskretno, poverljivo. Obrve su mu bile guste i znoj s čela slivao se preko njih kao preko strehe. Kad je namigivao, obrve su mu zatvarale oči kao kapci.

Jedan od njih koji je sve vreme ćutao, rekao je Ilku:
— Znači tako: ti si živ...

Ilko nije ništa odgovorio.
— Znači nisi umro? — ponovio je čovek posle izvesnog vremena.
Kad ga je i treći put upitao, Ilko se naljutio:
— Umro? Zašto? — izvadio je lulu iz usta.
— Pođi na groblje pa ćeš videti... — rekao mu je čovek.
Ilko ga je pogledao začuđeno.
Čim su kola stigla u selo, Ilko se uputio prema groblju. Zemlja kojom je gazio bila je vruća kao da ju je grejao vulkan. I hlad drveća pod kojima je prolazio bio je pregrejan.

Prolazeći kroz selo, zagledao je na sve strane da vidi kakve su promene nastale za ovih četrdeset pet godina otkad je otišao. Primetio je da nekih kuća nema, da su neke popravljene ili izgrađene; video je nove ograde oko dvorišta, novi most na reci; gumna usred sela ostala su ista kao što ih pamti od pre napuštanja sela, gde se vrlo žito, gde se o praznicima vilo kolo; duša mu je zadrhtala, uzbudio se. Uzbudio se i kad je stao kod česme da se umije i popije vodu. Seo je na kamen uz nju, što je služio kao stoličica, napio se vode i, gledajući česmu i sve oko nje netaknuto, pomislio je da su mu sve ove godine prošle kao u snu: kao da je sve vreme prespavao i kao da se sada budi; gleda: eto, opet je tu na polaznom mestu. Gura ruke u vodu, hladi se, umiva se i posmatra smežuranu kožu na njima kao koru drveta, a žile nabrekle; posmatra ruke koje mu liče na reljef i smeši se, s gorčinom. Video je i gvozdeni žleb na česmi, pohaban od hvatnja rukom i doticanja ustima; video je kamenje oko česme, izlizano od gaženja i sedenja i shvatio sve vreme koje je prošlo. Umio se ponovo, ustao i nastavio put groblja, prateći i dalje nastale promene. Osećanja u njemu su se stalno smenjivala.

Došao je do groblja i uputio se ka očevom i majčinom grobu. Uz njih je primetio dve sveže humke. Na jednoj je bilo ispisano njegovo, a na drugoj ženino ime. „Šta li je ovo, bože?", začudio se. Napravio je krug oko grobova, počeo da se zagleda u njih; „jeste, zaista su me sahranili..." Posmatrao je humku sa imenom na krstu: Ilko

Lečoski. Odmakao se malo dalje i seo u hlad velikog hrasta da bi se sklonio od sunca što je peklo. Sedeo je i piljio u grobove, prosto zapanjen. ,,Šta može ovo da bude? Zašto mi je grob iskopan i ko leži u njemu?!"

Sedeći tako zbunjen, učinilo mu se da čuje neki ženski šapat, glas svoje žene; šapat mu je dolazio sa krošnje drveta. Prenuo se, podigao glavu prema krošnji i počeo da pilji: lišće je treperilo. Prisećao se onoga što je znao iz detinjstva. Drvo se zvalo *Drvo umrlih;* bilo je staro nekoliko vekova, korenje mu je bilo rašireno po celom groblju, hranilo se umrlima. Drvo je ljudima služilo da se sklone pod njim od jare, od kiše, od snega: da podele za dušu, a u njegovom šupljem stablu da pale sveće umrlim i da polivaju vino i ulje o praznicima. Suve grane što su otpadale sa njega skupljali su da ih ne gaze; a i lišće nisu gazili jer im se činilo da je u njemu duša umrlih.

Često, kad bi zašumelo lišće, ljudima se činilo da čuju glas, šapat svojih umrlih. Taj šapat se mogao čuti samo na određenom odstojanju od drveta: dalje se gubio, a bliže je bio prejak i nejasan. Ako bi se ljudi udubili i malo napregnuli, u šumu lišća su mogli razaznati glas ili šapat svojih najdražih: oca, majke, sestre, brata, deteta... Najčešće su osluškivali oni koji su najviše žalili i tugovali za nekim ko im je umro.

Ponovo je do Ilka stigao onaj glas, te je ustao i počeo da se osvrće. Video je da glas ne dopire sa drveta, nego od žene koja je došla na groblje i plače nad nekim grobom. Stajao je malo tako zagledan, potom je ponovo prišao svom i ženinom grobu; piljio je u njih, čučnuo pored ženinog groba i zapalio joj sveću od onih koje je našao tu, nedogorelih, a onda je zapalio sveće i na očevom i majčinom grobu. Stajao je i tu malo, zatim se uputio svojoj kući.

V

Kad je stigao do kuće, Ilko je počeo da obilazi oko nje, da je razgleda. Je li ona, ili nije? Posmatrao je promene: zidovi su omalterisani, vrata i prozori zamenjeni, ograda na čardaku zamenjena je novim oblicama, nad čardakom je puštena duža streha da ga štiti od kiše; stara turska ćeramida zamenjena je falcovanim crepom; dvorište je ograđeno visokom kamenom ogradom sa velikom kapijom kroz koju mogu da uđu kola sa senom; iz dvorišta je štrčala visoka krošnja jabuke, koje ranije nije bilo.

Pritisnuo je polako rukohvat na kapiji, kao da proverava ili da se boji da nekog ne uznemiri; zadržao je rukohvat izvesno vreme, a potom ga pustio, pogurao vrata, ali se ona nisu otvorila. Pošto je malo sačekao, osluškujući, pokucao je na vrata. Unutra je zalajao pas, a potom se čuo i muški glas:

— Ko je?
— Ja sam... Ilko...

Glas unutra je umukao. Ilko je sačekao naprežući se da čuje da li kroz dvorište topoću stope i, pošto se glas nije javio, opet je ponovio:

— Ja sam... Ilko...

Pas je ponovo zalajao. Posle izvesnog vremena začuše se koraci po kaldrmisanom dvorištu i stigoše do kapije; podigla se poluga kojom su se vrata zatvarala iznutra i ona su se odškrinula, zinula kao usta, pri čemu je zvono okačeno povrh njih zabrundalo čudno, neprijatno. Mil je pogledao u Ilka zbunjeno.

— Ja sam... Tvoj otac... — rekao je Ilko.

Mil je i dalje gledao zbunjeno. Potom je počeo da drhti, uzbudio se i zagrlio oca:

— Živ li si, oče...?
— Živ... — zagrlio ga je Ilko.
Kad je Ilko ušao u dvorište, pas je nastavio da laje, sve jače i jače. Mil se izdrao na njega, ali on nije prestajao: ućutao je tek kad ga je šutnuo nogom i oterao u kućicu.
Iz kuće je izišla Milova žena i počela da zagleda Ilka. Mil joj je rekao:
— To je moj otac... Živ je... Vratio se...
Ona je promenila boju lica, pobledela je, pružila mu ruku, pozdravila se, ali nekako hladno.
— Tako, dakle... — rekla je.
— Oče, to je moja žena... — rekao je Mil.
— Vidim, vidim — rekao je Ilko. — Nek je živa i...
Milu se drhtanje glasa polako smirivalo.
— Mislili smo da... — zamucao je Mil.
— Znam... Video sam da ste mi i grob napravili...
— Majka je tako htela... Pre no što je umrla, rekla je: „Čim se do sada nije vratio, sigurno je mrtav... Iskopajte mu grob pored mene i stavite mu sliku, bar posle smrti da budemo zajedno..." Možda će se vratiti, rekao sam joj. „Ne, ne", rekla je, „mrtav se čovek ne vraća..." I, ispunili smo joj želju... U grob smo stavili tvoju sliku iz mladosti.
Milova žena je frktala na nos:
— Nije tražila da ti se napravi grob zbog toga... Uradila je to iz ljutnje što si je ostavio... Grobom te proklinjala jer te je godinama čekala i raspitivala se o tebi...
Ilko je skupio vrat i ništa nije rekao.
Iz kuće je istrčao i Bogule.
— Ovo ti je deda... — rekao mu je Mil.
Bogule se štrecnuo: živ je, dakle... Pružio mu je sa strahom ruku i zagledao se u njegovo lice koje mu je izgledalo neobično, čudno: koža crna, a obrve i brada bele — kao slika u negativu.
— Znači, deda nije umro... — šapnuo je Bogule zbunjeno.
— Oživeo je! — rekla je njegova majka.

Bogule je još uvek očima ispitivao svog dedu. Oko njegovog vrata visila je amajlija, na zlatnom lančiću, sa dijamantskim kamenom što je bleštao na suncu, prelivajući se u razne boje. Upitao ga je:

— Zašto nosiš to, deda?

— Ha — nasmešio se Ilko hvatajući se za amajliju — da me čuva od zla... A i kao nagradu onome koji bi me našao mrtvog — da me sahrani, da me ne rastrgnu lešinari... Tako je radila i vojska Aleksandra Makedonskog, nosila je zlatne medaljone oko vrata dok je išla u pohode...

Potom je Bogule skrenuo pogled na kovčežić koji je Ilko nosio u ruci. Kovčežić je bio od tvrdog materijala — od drveta, sa kožnom optokom; uglovi su bili ojačani metalnim trouglovima koji su bleštali na suncu kao zlatni; uz rubove su bile utisnute nitne sa širokim kapicama koje su takođe svetlucale, držeći kožu zategnutu i pričvršćenu, a i ukrasno su delovale — kao zlatne niske. Drška je za kovčežić takođe bila pričvrćena sjajnim trouglovima, a deo koji se drži, bio optočen kožom. I reza na kovčežiću bila je lepo urađena i svetlucava, a i katanac je imao neobičnu formu i bio je iskucan sitnim nitnama po rubovima da se ne može slomiti.

Čim je ušao u kuću, Mil ga je odmah poveo da mu pokaže laboratoriju. Objašnjavao mu je šta ga je ponukalo da se bavi naukom, šta ga je sve interesovalo, šta je proučavao i na čemu sada radi.

Ilko je razgledao laboratoriju, slušao šta Mil govori, pućkao na lulu i klimao glavom:

— Hm, bravo... Pa ti si, sinko, naučnik postao... Uhvatio si se ukoštac sa velikim stvarima... Samo hrabro... Mudrac iz Kalkute je govorio: ,,Onaj što uvećava znanje, uvećava i svoje muke... Dobro je da se stvara, da se mašta", govorio je mudrac, ,,ali maštanje je mač sa dve oštrice: mnogi bolesnici svoje ozdravljenje duguju mašti, ali i mnogi zdravi — postanu bolesni..."

Posle izvesnog vremena svi su sedeli za stolom i ispitivali ga gde je sve bio i kako je živeo. Ilko je odgovarao, ali teško. Pravio je duge pauze, često ćutao, vrućina ga je bila prosto satrla, i jedva je čekao da prilegne, da se malo odmori.

Sve vreme dok su razgovarali, sve troje: i Mil, i njegova žena, i Bogule, s vremena na vreme, skretali su pogled ka kovčežiću pored Ilkovih nogu, na kojem je on držao ruku, kao da ga još čuva... jer ga je uz velike muke jedva sačuvao, prolazeći kroz razne zemlje i mesta u svetu. A šta je tek sve doživeo taj kovčežić otkad ga je pre mnogo godina kupio i otkad je postao sastavni deo njegovog života! Bio je bacan u razna prevozna sredstva, uvijan u vreće da se ne vidi, da se zaštiti ili da se lakše nosi dok ide pešice, ili kad ga je davao da ga neko drugi nosi; neretko mu je služio kao naslon za leđa i glavu na raznim železničkim ili autobuskim stanicama, dok je čekao voz ili autobus za negde; da sedi na njemu kao na stoličici — na palubama, na dugim danonoćnim plovidbama; da ga tovari na konje, magarce i kamile, na putevima kojima se samo na njima moglo proći; da se izlaže riziku, da stavlja na kocku svoj život zbog njegove privlačnosti ili buđenja radoznalosti kod raznih ljudi, koji su ga pratili ili sa kojima je dolazio u dodir; da ga prodaje kad ostane bez para i da ga opet otkupi da se ne bi rastao s njim; da menja ili lomi katančiće kad izgubi ključiće; da ga čisti i glanca kad pokisne na kiši ili snegu; da mu vraća stari sjaj i lepotu; da ga ostavlja ponekad gazdama u zalog dok ne dođe do para da im plati stanarinu... On mu je bio jedini svedok, pratilac i drug na putovanjima, noseći nalepnice raznih mesta i hotela.

Navikao da je uvek uz njega, i sad ga je Ilko često dodirivao kolenom, osećajući pri tom neku sigurnost i prijatnost.

Kad je Ilko primetio da svi pilje u njega, i on je skrenuo pogled ka njemu i rekao:

— Uzeo sam ga iz meraka... Lep je... — malo ga je podigao: — I prazan. Nema ništa unutra...

Milova žena se namrštila, prostrelila je Mila pogledom i izišla.

Uveče, dok su nameštali jednu od soba da se Ilko smesti, rekla je Milu:

— Dosad sam služila i hranila dvojicu, sad ću i trećeg...

— Otac mi je... — rekao je Mil.

— Otac, otac... a što te do sada nije potražio... Nego dolazi sada kad je već ostareo, kad više ništa ne može... I to bez ičega...

— Ja se radujem što je živ... Što se vratio... Da imam oca...

Ilko je čuo raspravu između Mila i njegove žene i posle izvesnog vremena rekao Milu:

— Ne uzrujavaj se, sine... Mudrac je govorio da nema dva dobra na istom jastuku: ako je muž dobar, žena je loša; ako je žena dobra, onda muž ne valja. Tako je bog rekao: da niko nema samo dva dobra, a niko samo dva zla...

Kasnije, kad se Bogule zbližio sa dedom, upitao ga je:

— Zašto si, deda, otišao u svet?

— Eh, zašto... — rekao mu je Ilko. — Da ga vidim... Da znam, kad umrem: za *šta* da ga poljubim, za *šta* da ga pljunem...

VI

Ilko je često odlazio na brežuljak. Seo bi pored sumporne vode, izuo se i gurnuo noge u toplu vodu da leči reumu. Oslonio bi se leđima na neko stabalce, povlačio dim iz lule i posmatrao ogromno nebesko plavetnilo iznad sebe, bleštavu jezersku vodu u daljini, zelenu šumu naokolo, slušao bi poj ptica, šum vode što se spuštala niz breg — i zamišljao kako će izgledati banja koja će biti podignuta tu kad se dim povuče. Zamišljao je da bude ista onakva kakva je bila ona u Bristolu u Engleskoj, gde je često išao da se leči od reume. Sećajuće se banje, setio se i žene koju je tamo upoznao. Čim ju je video — odmah ga je privukla. Znao je: lepe žene su slične cvetovima, svaka ima poseban izgled, posebnu boju, miris, privlačnost. Ružne žene, pak, da bi to nadoknadile, nastoje da ulepšaju svoju unutrašnjost, svoju dušu; one neguju svaku svoju reč, razmišljaju o svakoj kretnji, o svakom potezu. A idealne žene su one koje imaju i jednu i drugu osobinu: i spoljašnju i unutrašnju lepotu. Eto, takva je bila i ona koju je upoznao Ilko: i lepa, i odmerena u govoru i ponašanju. Samo bi ponekad, od neke unutrašnje muke, duboko uzdahnula. Tek je kasnije Ilko shvatio da je tugovala za pticama koje je, dolazeći ovde na lečenje, još pre dve nedelje kod kuće same ostavila. Čim bi seli u restoran da nešto pojedu, ona bi duboko uzdahnula: ,,Eh, a moje drage, imaju li one šta da pojedu. Imaju li još od hrane koju sam im ostavila..." I odmah bi je nešto preseklo u jelu, odmah bi izgubila apetit. Ona i Ilko su postali veoma bliski, stalno su bili zajedno. Govorila mu je da joj liči na pokojnog muža; potom ga je zavolela, a, na kraju, povela ga je sa sobom, da živi s njom.

Cela kuća bila je ispunjena kavezima sa svakojakim pticama: kanarincima, papagajima, žunjama, slavujima, kolibrima, senicama, ševama. Nije bilo sobe, prostorije u kojoj nije bilo bar po nekoliko kaveza. Najviše ih je bilo u spavaćoj sobi. I čim bi zacvrkutale, činilo im se da se nalaze u pravom raju. Ilku je bilo teško dok se nije privikao na njih, jer su i noću pevale i budile ga. Ali voleći nju, zavoleo je i ptice. Hranio ih je, čistio im kaveze, postavljao nove kaveze koje je ona kupovala i obogaćivali su i razmnožavali tu ptičju porodicu mnogim drugim vrstama ptica. Više nije bilo mesta gde da stave sve kaveze.

U Ilku je ona videla prekrasnog čoveka i mnogo ga zavolela. Postala je čak i ljubomorna; nigde ga samog nije puštala. Gugutali su jedno drugom zanosne i umilne reči, cvrkutali kao ptičice.

Sve je trajalo dok kanarince nije zahvatila neka bolest, dok nisu uginuli. Isto se dogodilo i s drugim pticama. To je nju mnogo pogodilo i od silne tuge nešto se poremetilo, udarilo ju je u glavu, pa je počela stalno da kuka i nariče nad praznim kavezima, kao nad grobovima.

Posle izvesnog vremena Ilko ju je napustio, jer je počela da ga optužuje za smrt ptica i da mu preti da će ga zbog toga otrovati.

Želeći da vidi banju što pre izgrađenu, Ilko je često govorio seljanima:

— Čim do sada nije izbio, sigurno neće ni sada... Dim nije opasan i ne smeta da se izgradi banja...

— Kakva banja, čoveče... — ljutili su se ljudi.

Zanet mislima o banji, Ilko je jedne noći usnio kako je dim stao. Istrčao je iz kuće, uzjahao konja i sjurio se kroz selo da razglasi vest o tome. Ulazio je u dvorišta, lupao u vrata i galamio.

Ljudi su ustajali, palili lampe, fenjere, sveće, luč i trčali prema brežuljku, prema *duvalu*, da vide, da se uvere. Videvši da je dim zaista nestao, počeli su da se ljube, da se raduju; udariše u crkvena zvona, počeše da pucaju iz pušaka. Jureći s konjem, Ilko je pao, udario glavom u zemlju i probudio se. Video je da je to samo san. Jer zašto ga glava boli? Podigao je glavu sa jastuka i stao da pilji u prozor: napolju je bio mrak, tišina. Ponovo se uhvati za glavu. Ustao je, upalio svetlo. Vidi: u krevet je pala njegova slika sa zida, udarila ga u glavu onog trena kad je on, jašući konja u snu, zatresao krevet i udario njim u ram. „Mater ti božju!", rekao je ljut. Uzeo je ram, pronašao ispali ekserčić i ponovo ga zakucao na zid.

Legao je da spava, ali nije mogao da zaspi. Slušao je kako vetar neprestano struže granama po prozorima, slušao je kako neki otkačeni lim stalno lupa po dvorištu i to ga je uznemiravalo i onespokojavalo.

VII

Pojava dima zabrinula je i Ilkovu ćerku Kalu, koja je bila veoma debela: uplašila se i više nije išla na brežuljak da skida salo, kao što je činila ranije, odlazeći na ono mesto gde je topla voda pravila vir i ulazeći u njega. Na brdo ju je vodio njen muž Dukle na konju, i to noću, da je niko ne gleda dok se brčka u viru. Konj je brektao pod njenom težinom, a Dukle je bio na mukama dok joj je pomagao da se popne i da siđe s konja.

Ležeći u vodi, Kala bi skinula neki kilogram, ali jelom bi ga odmah nadoknadila. A imala je, bogme, dobar apetit. Ponekad je i noću ustajala da jede: ako joj nije bio pun želudac, nije mogla da zaspi, kao da je iznutra izjeda neka zverčica. Zbog svoje halapljivosti, često bi se zagrcnula — stao bi joj zalogaj u grlu i počela bi da se davi, da se guši. Dukle bi je lupao pesnicom po leđima da joj zalogaj siđe, da dođe do daha. Čim bi malo prebrodila krizu, počela bi da ispušta neke čudne glasove: „Iiii... jau!" Susedi koji bi je čuli krstili su se:

— Bože, u nju je ušao neki đavo...

Dok je spavala hrkala je jako, brektala kao zaklani bik, klokotala kao vulkan. Skakao je Dukle u snu, budio se i gurao je rukama da bi se okrenula na bok i prestala da hrče.

Ljuljala se u hodu, a bat njenih koraka po podu odzvanjao je kao lupa valjaonice.

Na njenu debljinu, pored apetita, uticali su i njena mirnoća i ravnodušnost prema svemu. Nije marila nizašta. Jednog dana Dukle joj je rekao:

— Konj se nije vratio sa paše... Nešto mu se sigurno dogodilo...

— Njegova stvar — rekla je ona.
Kad se konj vratio sa slomljenom nogom, Dukle joj je rekao:
— Konj nam šepa... Ne može da hoda...
Ona je uzvratila:
— Božja volja...
Kad je konj crkao, Dukle je jauknuo:
— Ah, šta sada da činimo... Otišao nam je konj...
— Tako mu je bilo pisano... — zaključila je ona.

Vodio ju je Dukle lekaru, vračaru, u mnoge banje, ali ništa nije pomagalo. Savetovali su joj da drži dijetu, da pije lekove i trave za mršavljenje, da se više kreće, da radi, ali nije ništa pomagalo. Čim bi je Dukle stavio na vagu, video bi da se opet udebljala.

— Nemoj nju da meriš — govorili su mu ljudi — meri joj hranu koju joj daješ...

Zbog velike debljine koža joj se istezala i dobijala je neki svrab po telu; stalno se češala. Gde nije mogla sama, pomagao joj je Dukle. Od češanja su je podilazili neki prijatni žmarci po telu. Ali ostajalo joj je i crvenilo koje je Dukle mazao rakijom i kamforom.

Njena debljina poticala je iz najranijih dana. Njoj je najviše doprinela njena majka, Ilkova žena, jer ju je dojila preko svake mere — čak sedam godina. Kad je Kala imala jednu godinu, to jest kad se rodio Mil, majka je htela da je odbije. Stavljala je četku za čišćenje cipela na svoje grudi, okrenutu čekinjom prima njenim ustima da je bode — nije pomagalo; mazala je bradavice smrdljivom travom — nije pomagalo; premazivala ih je čak i paprikom — opet nije pomagalo: Kala je sve lako podnosila i sisala zajedno sa Milom. Njenoj majci bilo je žao i hranila ju je tako i dalje. Kad je odbila Mila, htela je i nju da odbije, ali nije pomoglo. Pokušavala je i kad je imala dve godine i — opet isto. U trećoj godini takođe. U četvrtoj, petoj, šestoj — kao i u prvoj. Prestala je da sisa tek u sedmoj godini, kad je pošla u školu i kad su počeli drugovi da je zadirkuju. Onda je počela sve više da jede — dvaput više nego ranije. Nemajući meru, počela je da se goji. Kad je stasala za udaju jako se ugojila, pa su je mladići izbegavali i niko nije hteo da se s njom oženi. Jedino se Dukle muvao oko nje i razmišljao šta da učini. Posmatrao ju je, merkao je krišom dok je išla kroz selo, išao za njom, pratio je sa strane, buljio u svaki deo njenog tela, vagao je očima kao kad kupac kupuje goveče i strašno se dvoumio. Dok ju je posmatrao izdaleka, bila mu je lepa, skladna i srednje debljine, ali čim ju je posmatrao izbliza utisak mu se menjao i počinjao je da se kaje.

S vremena na vreme odlazio je njenoj kući, i posmatrajući je kako se kreće kroz kuću, nije mu izgledala tako debela, sve dok ne bi sela, pri čemu bi se sve njene obline spojile: noge bi joj se pretvorile u jednu, bokovi su joj se širili, a gornji deo tela spuštao joj se dole, postajao je kraći a širi.

I sve tako, u stalnom kolebanju.

Posmatrajući njegovu neodlučnost, Milova žena jednog dana mu je rekla: „Čemu to kolebanje... Istina je da je malo deblja, ali čim rodi, smršaviće... Tako je sa svim ženama..."

I Dukle je najzad odlučio: oženio se.

Prošlo je nekoliko godina i Dukle je uzalud čekao da se porodi. Počeo je da obilazi lekare, vračare. Vreme je prolazilo, a ona — ništa. Počela je još više da se goji. Dukle je video da je pogrešio što ju je uzeo i hteo je da je ostavi. I čim bi rešio da je ostavi, ponovo bi počeo da se dvoumi: ili mu je bilo žao, nije mu davalo srce da je ostavi, ili bi opet sačekao da vidi neće li roditi. I tako, godine su prolazile, a ona se samo debljala: vazda je mlela ustima.

I kad je Dukle najzad definitivno odlučio da je ostavi, ona se uhvatila za trbuh i rekla radosno:

— Trudna sam...

Dukleta je obuzela radost, sav se uzbudio.

I svakog dana je dodirivao njen trbuh i proveravao kako raste, kako napreduje plod. Ali on je rastao nekoliko meseci i — stao. Prestao je da raste, da se širi. Brinula je ona, brinuo je i Dukle, već pomišljajući da je sve bilo laž, lažna trudnoća. Štaviše, ona je samo prividno bila trudna zbog velike debljine. Pozvali su staricu Vendu koja je u selu bila kao babica. Venda ju je pregledala i pošto je videla znake: nabrele dojke sa zatamljenim krugovima oko bradavica, zadebljali glas, nabrekle vene na nogama, bledilo lica, loše raspoloženje, gađenje i povraćanje — rekla je:

— Trudna je, treba čekati...

Dukle se ponovo obradovao, ponovo se ponadao.

Prošao je period trudnoće, Kala je dobila jake bolove, počeli su da je podilaze žmarci. Pozvao je Dukle opet staricu Vendu i ona je pripremila sve za Kalin porođaj. Ali iz Kale je oticala samo krv — od poroda ni traga ni glasa. Kala se tresla i padala u nesvest. Posle velikih bolova, smirila se, došla je malo k sebi i upitala:

— Gde mi je dete?

— Nije bilo ništa... — rekla joj je Venda. — Treba da sačekamo...

Čekali su celog dana, čekali su i sutradan, čak i narednih dana, ali se Kala nije porodila. Držala se za trbuh i osećala: unutra joj je lakše, kao da se porodila. Zapitkivala je Vendu:

— Reci, pobogu, jesam li ga mrtvog rodila...

— Ne, ništa nisi rodila... bogami... — odvraćala joj je Venda.

— Ali... šta se dogodilo, šta je bilo sa detetom...? — plakala je Kala.

Venda je slegala ramenima.

Dukle je samo stiskao šake na očima.

VIII

Bogule, Milov sin, bio je vižljast, veoma mršav; rastao je kao neka biljka koja hoće da poraste što više, a potom ima muke kako da se održi, da se ne previje; dok je išao, zamahivao je rukama kao da leti, klimajući glavom na tankom vratu. Bio je plav, sa slamenom bojom kose i obrva. Plavih ljudi u selu je bilo više, a razlog za to, kao što je govorio Mil, bila su sumporna isparavanja iz *duvala*. Koža lica i tela bila mu je išarana reckama, mladežima, te se Bogule često svlačio pred ogledalom da ih posmatra, jer (onako kako su bili grupisani na grudima), oni su mu ličili na sazvežđa: *Bik, Ovan, Veliki* i *Mali medved, Orion, Tronožac, Strelac* i druga sazvežđa koje je učio u školi. Kad bi ga majka ugledala šta radi, dreknula bi na njega:

— O, bože, zar su i tebe spopale očeve bubice...

Zaista, Bogule je po mnogo čemu nalikovao ocu. Bio mu je jako privržen i nije se odvajao od njega. Često je i spavao s njim.

Bogule je bio levak; služio se samo levom rukom; desna mu je bila ukočena. To je nerviralo Mila i on ga je stalno terao da se koristi i desnom, da se služi i njom. Govorio mu je: „Jedan moj drug poginuo je na frontu samo zato što je bio levak: nije mogao sa leve strane da nišani puškom..." Bogule je pokušavao da se koristi i desnom rukom, ali uzalud: čim bi uhvatio kašiku, prosuo bi jelo po grudima; čim bi uzeo olovku da nešto napiše, jedva bi nešto nerazumljivo nažvrljao; čim bi počeo nešto da radi, činio je to nezgrapno, loše. Kad je Mil video da će Bogule ostati levak, rešio je da mu ruku razradi raznim vežbama: vezivao mu je ruku da ne može njom ništa da dohvati, a terao ga sve da čini desnom rukom. Ali Boguletu je to išlo jako teško. Činio je napore, ali vežbe su mu malo pomagale. Posle izvesnog vremena pojavila mu se i razrokost; levim okom počeo je da gleda u stranu. Doktor ga je pregledao, rekao je da je to posledica nasilnog sprečavanja funkcije leve ruke, jer je ona kod levaka urođena osobina i da su oni skloni razvijanju leve ruke. Rekao mu je da mu oslobodi levu ruku da je kreće slobodno i da mu dâ da nosi naočare.

Posle izvesnog vremena Boguletu se popravio vid.

Milova žena, od ljutnje, umalo da izađe iz kože. Vikala je na Mila:

— Tim tvojim eksperimentima upropastićeš dete... Napravićeš od njega bogalja...

Ali Milu je eksperiment uspeo: s vremenom je Bogule počeo da se služi desnom rukom isto kao i levom. Mil je bio presrećan. A tek Bogule!

On, posle svakog ustajanja i šetanja noću, danju nije mogao da se naspava: spavao je dugo kao zaklan; često i celog dana. Majka ga je budila, molila da ustane da nešto pojede, drmusala ga, ali Bogule, onako zanet, samo bi nešto promrmljao i nastavio da spava. Njegova majka je zabrinuto govorila:

— Dete nam je sigurno bolesno...

Ilko je odvraćao:

— Nije bolesno nego ga nešto muči... Ima neku muka što ga tera da spava, san mu nešto olakšava... I ja sam imao jedan takav period krize u Kalkuti, kad mi se neprestano spavalo. Svakog časa kapci su mi se sami sklapali. Čim bi ostala bez gostiju mudračeva čajdžinica u kojoj sam radio, oslonio bih se o šank na kojem sam kuvao čaj i odmah zaspao. Mudračev sin, kad bi primetio da spavam, počeo bi da viče. U spavanje me je gonio jed što nisam imao dovoljno para da odem na Havajska ostrva o kojima sam slušao da su pravi raj. Čim bi mudračev sin počeo da me tuče, otac bi mu rekao: „Pusti ga, nek se naspava. Čovek je u snu najsrećniji; oslobađa se muka, gubi

nedostatke: slepac u snu nije slep, bogalj nije bogalj, gluv nije gluv. San briše sve nevolje i patnje u životu..."
Ponekad sam sanjao loše snove. ,,Neka", rekao bi mudrac, ,,tako se pročišćavaš..."
Spavajući dugo, Bogule je često mešao san i javu. Jednom je kazao:
— Pitropu Andru i njegovoj ženi Andrici dogodiće se nešto loše...
— Otkud znaš? — upitala ga je majka.
Bogule je zaćutao, a onda rekao:
— Sanjao sam...
— Ako se to ostvari — rekao je Ilko — potvrdiće se ono što je govorio mudrac o moći sna: on je govorio da samo pet stvari na svetu imaju šezdesetinke: vatra, med, subota, spavanje i san. Vatra je šezdesetinka pakla; med je šezdesetinka travke *mana* kojom je bog nahranio gladne u pustinji; subota je šezdesetinka onoga sveta; spavanje je šezdesetinka smrti; san je šezdesetinka *proročanstava*.

I zaista, Boguletov se san ostvario: pitrop Andro se obesio.
Selo se uznemirilo.
Došli su organi vlasti i počeli da ispituju slučaj. Pozvali su Androvu ženu, Andricu, i zapeli da je pitaju o svemu i svačemu: od kada su zajedno, kakav im je bio život, da li su se svađali i zašto; iz kojih razloga nisu imali decu: nisu hteli ili nisu mogli da imaju. Ona je plakala i govorila sve što je znala. Saslušali su i Androve prijatelje i rođake i saznali da je Andro jako tugovao što nisu imali dece, što nisu imali potomke, naslednike, nastavljače loze. Svoju ženu Andricu stalno je vodio lekarima, po banjama. Prodao je skoro sve imanje i osiromašio je. Kad je video da ništa ne pomaže, razočarao se, izgubio je svaku nadu i u trenucima krize i očajanja — oduzeo sebi život. Znaci da će to učiniti, primetili su se kad je Andro, pre nekog vremena, počeo da pravi omče od svega što bi mu došlo u ruke: od užeta, od žice, od pavetine, od lanaca. Pravio ih je sa velikim zadovoljstvom. Da bi ih isprobao da li su dob-

re on ih je nabacivao na vrat mačkama, kučićima i drugim životinjama. Jednom je jednu nabacio i na vrat svoje žene, ali kad je ona počela da vrišti, rekao je da se samo šali.

Prilikom pretresa kuće i njegovih stvari, u džepovima su mu pronašli nevažeće, okupatorske pare — iste onakve kakve su se pojavile u crkvi. Pomislili su da je upravo on taj koji je ostavljao takve pare na ikonu u crkvi, a sa nje uzimao one u opticaju. Možda je osetio grižu savesti, uvideo da je uradio gadnu stvar i — obesio se.

Ali u crkvi su se ponovo pojavile nevažeće pare i ta pomisao o Andru je otpala.

Saslušali su i popa, ali on je samo vikao:

— Božja dušica, božja dušica je bio Andro...

Boguletova majka je tražila da joj Bogule prepriča san i da joj kaže kako je zaključio da će doći do nesreće. Ali Bogule se bio prestrašio i nije mogao ništa da zucne. Ćutao je. Ćutao je jer događaj nije video u snu, nego na javi: još odavno je Bogule znao da se Androva žena Andrica i krečar Oruš sve češće sastaju u krečani koja se danima grejala. Legli bi na krznene prostirke i uranjali jedno u drugo. Bogule je virio kroz pukotinu na vratima i posmatrao šta rade. Spopadali su ga trnci, srce mu je prosto skakutalo, dah mu se zaustavljao. I on je goreo.

U toplim danima, ili onda kad je krečana bila ispunjena kamenjem za pečenje kreča, sastajli su se u Oruševoj plevnji. Bogule, pre nego što bi oni stigli, popeo bi se na tavanske grede i gvirio odozgo, gledajući ih kako leže u senu. I ponovo bi mu srce zaskakutalo, a dah stao; lice mu je gorelo, a on se uzbuđivao kao i oni.

Ali svemu tome došao je kraj kad je jednom Oruševa žena, slučajno ili namerno, došla u plevnju; primetila je da su vrata zaključana, gvirnula je kroz pukotine i primetila ih na senu. Ne znajući šta da čini, zbunjena, otrčala je kod Andra da ga pozove, da mu kaže šta mu žena radi. Dotrčali su zajedno do plevnje i zatekli ih kako beže kroz voćnjake. To je Andru jako pogodilo.

Eto, nije mogao da podnese uvredu i bol i — obesio se.

Oruš, ljut na ženu, ubio je boga u njoj. Danima nije mogla da se pomeri iz postelje, da kaže šta ju je snašlo. Andrica, pak, bojeći se da Oruševa žena ne razglasi sve po selu i ne pukne sramota — uhvatila je put pod noge i otišla nekud.

Bogule, bojeći se da kaže istinu koja ga je pekla, sve se više zatvarao u sebe, gubio raspoloženje, postajao potišten i tonuo u dugo spavanje, u san. Ali događaj mu se često i u snu ponavljao i iscrpljivao ga.

IX

Što je više stario, Ilko se sve više pogrbljivao, presamićivao, sve više saginjao glavu. Milova žena jedva je čekala da ga bog uzme, da joj se skloni s očiju, da se oslobodi napasti; bila mu je pripremila i pokrov za sahranu, i podbradaču kojom će mu vezati vilice da mu usta ne zevaju, i petla kojeg će zaklati da mu s njegovom glavom u grob kurban prinese — da ne povuče za sobom nekog drugog iz familije. Ali Ilko je i dalje imao dobar apetit, jeo je, šetao i išao na brdo da leči reumu u toploj vodi.

Čim bi ga stegla reuma, uz stepenice se peo i nogama i rukama. Kad bi ga spazila tako, Milova žena bi rekla:

— Bog mu sigurno neće dušu sve dok ga ne pretvori u psa, kao što je učinio sa svecem Kristoforom da bi ga kaznio za grehove...

— Svoje sam grehove na vreme iskupio, snaho... — govorio joj je Ilko. — Na Sumatri je bila jedna žena koja je za pare preuzimala grehove od ljude i odnosila ih u neku pećinu gde ih je potapala u svetu vodu. I ja sam platio da spere sa mene grehove.

— Dedin život je usko povezan sa vulkanom — govorio je Bogule. — Neće umreti dok ne vidi da je prestao da radi, dok mu se ne ispuni želja — da se podigne banja na brdu...

— Neće da umre iz inata... — govorio je njegov zet Dukle — jer smo mu pre vremena iskopali grob...

Ilko bi promrmljao:

— Mudrac iz Kalkute je govorio da život zavisi od dužine duše: postoje: *kratke duše, srednje duše* i *duge duše;* oni koji umiru sredovečni — imaju srednju dušu; oni koji umiru stari — imaju dugu dušu. A ja sam u životu

primetio da postoje i *muške* i *ženske duše;* muškarcima duša izlazi po želji, a ženama je vade...
— Jes! — pisnula je ona na to i dodala:
— Bože, ovaj misli da živi kao kornjača...
Previjao se Ilko ali se nije dao: čim bi ujutro ustao, počeo bi da lupa, da kašlje, da vide da je živ. Izlazio je na čardak i radio vežbe da se razgiba i pevušio da bi prikrio jauke koji su mu dolazili zbog reume. Potom je odlazio u kuhinju i kuvao sebi kafu. Dok ju je pio, povlačio je dim iz lule i čitavu prostoriju ispunjavao dimom. Milova žena bi ponovo gunđala i puštala buve:
— On nam je vulkan doneo u kuću...
Jednog dana Ilko je odbio da jede. Rekao je Milu:
— Sine, tvoja žena hoće da me otruje...
— Da te otruje?! Otkud to znaš?
— Predosećam: za mene posebno kuva...
— Šta ima loše u tome, oče...
— Ima, ima... Kažem ja njoj da najpre ona proba jelo a ona neće. Kaže: „Ja nisam kraljeva kuvarica..."
Reci joj, molim te: ako kani da me ovako likvidira, moja će slava duže trajati, kao Isusu Hristu: da njega nisu na silu ubili Jevreji, ne bi postao tako slavan...
— Budi bez brige, oče... Neće se dogoditi ništa loše...
Od straha Ilko nije hteo da uzme ništa od nje. Često, pošto bi oni polegali da spavaju, odlazio je u kuhinju i vršljao po dolapima da nađe nešto za jelo — od onoga što je ostalo od njih. Čim bi ga čula kako tandrče loncima i šerpama, ona bi probudila Mila i rekla bi mu:
— Pacov je ponovo ustao da nešto gricne...
Mil bi otvorio vrata na kuhinji i počeo bi da ga grdi:
— Oče, upali svetlo, ispašće ti oči u mraku...
— Navikao sam, sine — odvratio bi mu Ilko. — Naviku sam stekao u rudnicima na Sumatri, gde smo kopali po mraku da bismo mogli da primetimo svetlucanje dijamanata...
— E, ovaj će nas pojesti — počela bi da gunđa Milova žena povišenim tonom, da bi je čuo i Ilko. — Hranimo

ga badava... A da znamo zašto... Ni dinara nam nije doneo...

— Kao prvo, ja sam, snaho, ostavio ovde imanje... — rekao bi Ilko, tako da bi ga čula ona. — A to što kažeš da nisam doneo pare, ja sam zadovoljan što sam video svet i to mi je najveće bogatstvo. Drugo bogatstvo me nije interesovalo, jer sam video da ono ništa ne znači... U Pompeji postoji jedna freska ostala iz vremena kad je vulkan Vezuv uništio grad, na kojoj je predstavljen neki car koji u rukama drži terazije: u jedan sahan terazija stavljeno je skupoceno blago: zlatnici, nakit i drugo, a na drugi tas, znaš šta? Ona stvar! Da, da, zaista ona muška stvar! I šta biva? Biva da je sahan sa blagom podignut, a sahan sa onom stvari pao dole. Time car hoće da nam kaže da bogatstvo ne znači ništa...

— Juuu! — vrisnula je Milova žena i stavila ruku na usta.

Ilko je pućkao lulom kao vozić i nastavljao:

— I kod gazde na Sumatri, kod koga sam radio u rudnicima dijamanata, video sam da bogatstvo nije ništa... Kad se jednog dana razboleo i nije mu bilo spasa, plakao je kao malo dete. Davao je lekarima ogromno bogatstvo da ga spasu, da ne umre. A tek kako ih je molio... Ali oni su bili nemoćni. Umro je grizući dijamantsko prstenje na rukama. A da nije imao ništa, umro bi mirno, spokojno, kao jagnje, jer ne bi imao za čim da žali, zašto da kumi i moli. Eto tako, snaho...

Milova žena je vikala tresući se od ljutnje:

— Bože, što ga odmah ne uzmeš...

Ilko je vadio lulu iz usta i pravio: puć, puć!

Bilo je dana kada Ilko nije izlazio iz svoje sobe; sedeo je na krevetu i provlačio iglu, radeći neki goblen. Kad ga je Bogule jednog dana video, začudio se i upitao ga:

— Deda, gde si naučio da vezeš?

— U Finskoj. Dok sam ležao u zatvoru... — odgovorio mu je Ilko. — U zatvoru je bilo raznih radionica i zanata. Opredelio sam se za vezenje; dali su mi igle, konce, đerđev i — počeo sam. U početku je bilo teško, sporo, ali postepeno ruke su mi se privikavale, prsti su mi se razrađivali i ja sam vezao sve bolje i bolje. Davali su nam sheme, mustre, slike i mi smo ih vezli. Izvezao sam nekoliko goblena. Kad su me pustili iz zatvora, dali su mi jedan za uspomenu. On mi je doneo pare. U Helsinkiju je bilo kolekcionara koji su kupovali razne suvenire izrađene rukama zatvorenika. Tražili su da na njima bude ispisano ime zatvorenika i godina ležanja u zatvoru. Prodao sam taj goblen i izvezao drugi na kojem sam stavio ime i prezime i godinu kad sam ležao u zatvoru. Pred jednim od tih mojih goblena koji su bili izloženi u galeriji jednog kolekcionara, ljudi su najviše zastajkivali, najviše razgledali i najviše mu se divili. A on je bio sasvim običan goblen: izvezen do polovine belim, a od polovine crnim koncem; dakle podeljen na dva polja. Ljudi su gledali goblen i svako ga je tumačio na svoj način: jedni su govorili da goblen predstavlja: svetlost i mrak — noć i dan. Drugi su govorili: belo označava radost, a crno — tugu. A treći su tumačili: belo predstavlja dobro, a crno — zlo. Četvrti: belo — javu, crno — san, a peti: belo predstavlja život, a crno — smrt. I da bi to dokazali, govorili su: pogledajte malo bolje, videćete da je crno polje veće od belog, kao što je i smrt duža od života...

I ja bih produžio tako sa vezenjem goblena, da nije 1918. godine izbila Proleterska revolucija. Monarhisti, da bi ugušili revoluciju, počeli su masovno da zatvaraju i ubijaju. Nastao je pakao i kolekcionarima više nije bilo do kupovine zatvoreničkih suvenira i relikvija. I ja sam napustio Finsku.

— Zašto si ležao u zatvoru, deda? — upitao ga je Bogule.

Ilko je iščačkao lulu palidrvcetom, zapalio ju je i rekao:

— Kako da ti objasnim... Kad sam stigao u Finsku, dugo sam lutao bez posla. Spavao sam u jednoj grobnici, na groblju. Grobnica je bila kao soba i dobro mi je bilo. Ali čim je zahladnilo, čim sam zapalio neko iverje da se malo ogrejem, otkrili su me i pozvali u upravu groblja. Ispitali su me ko sam, šta sam, odakle sam, saznali sve o meni, sažalili se i predložili mi da radim kao grobar. Prihvatio sam.

Kad smo sahranjivali jednu ženu, njenoj ćerki je pozlilo; izgubila je svest, posrnula i počela da pada prema grobu. Ja sam je zadržao da ne padne u grob, da se ne ubije. Ljudi su počeli da vrište, zatim da je masiraju po licu i vratu. Badava, ništa nije pomagalo. Ja sam je zgrabio, podigao, otrčao do česme i gurnuo joj glavu pod mlaz. I ona se osvestila. Stavili su je u kola i odvezli kući. Sutradan, kad je došla da donese cveće na majčin grob, potražila me je da mi zahvali. Dala mi je i pare da održavam grob. Posle nekoliko dana pozvala me je na ručak svojoj kući i sa svojom bakom počela da se raspituje odakle sam i kako sam postao grobar. Ja sam im ispričao. Gledale su me sa sažaljenjem. Onda me je opet pozvala na ručak. Njena baka nije bila tamo, a ona mi je rekla, dok se njena baka ne vrati da ručamo zajedno, da mogu da se raskomotim, da se okupam u kupatilu, da se opustim na kauču. Ja sam se okupao i ispružio na kauču. Ona je donela piće, sipala u čaše, sela pored mene, nazdravili smo i popili. Sipala je ponovo. Ponovo smo nazdravili i popili. Sela je tik uz mene i njena duga kosa razlila se po mojim grudima, dotakla je moje lice kao ptičje krilo. To me je jako uzbudilo: sav sam zadrhtao. Počeo sam da joj mrsim, da joj milujem kosu. Ona se nije pomakla. Poljubio sam je u obraz. Ona se opet nije pomakla, samo se osmehnula, blago, zadovoljno. Uzbudio sam se još više; krv mi je uzavrela, udarila u glavu. Ščepao sam je i svalio na kauč. Kako i koliko brzo sam to uradio ne znam, tek — ona je počela jako da vrišti. Susedi iz stana preko puta su čuli i dotrčali. Zatekli su me na njoj kako joj stežem usta da ne viče. Kad su se oni pojavili, ona je dobila neku snagu i odgurnula me. Susedi su me uhvatili i pozvali policiju. I ja sam dopao zatvora... Mislio sam da će se sve na tome završiti, ali ona me je tužila sudu.

Na suđenju, njen akvokat je rekao: ,,Silovanje je najteže delo; nešto najteže što može da se dogodi ženi; to je šok koji ostavlja teške psihičke posledice... Zato tražim da se počinilac najstrože kazni..." Moj advokat je rekao: „Otkud znamo da mu ona nije dala povoda za tako nešto, da ga nije izazvala; otkud znamo da nije htela da stupi u kontakt s njim, to jest, kao što kažete vi: da je siluje..." „Da je ona htela tako nešto", vikao je njen advokat, „sigurno se ne bi branila, ne bi vikala i dozivala pomoć..." „Ako je tako", rekao je moj advokat, „ona treba da ima neke telesne dokaze: ogrebotine, modrice, rane, koji će potvrditi da je zaista reč o nasilju..." Njen advokat je rekao: „Ona je bila šokirana i nije mogla da se brani..." Predložio je da se saslušaju svedoci. Svedoci su rekli ono što su znali. Moj advokat je kazao: „Oni su rekli ono što su videli u trenutku kad su ušli u sobu, a ne mogu da znaju i kažu šta se pre toga događalo što je dovelo do svega toga: ne znaju da mu je najpre ona rekla da se okupa, da se raskomoti, i da je potom sela pored njega, da ga je nudila pićem i izazivala, od čega se on uzbudio, poželeo..." Njen advokat je pokušao da utiče na okolinu, te je počeo onako dirljivo: „Zamislite, gospodine suče, da se nešto ovako dogodi našim ženama ili ćerkama. Kako bi nam bilo, kako bismo se osećali... Sad je ova devojka jadna i žigosana, ima beleg na sebi... Pratiće je loš glas... Biće bela vrana za čitavu okolinu..." Okrećući se ka meni, uperio je prst i rekao: „Ako je osećajan, treba da ga grize savest zbog ovoga..." Moj ga je advokat prekinuo: „Molim vas, ovde nismo u domu za prevaspitanje maloletnika, ovo je sud... Traže se dokazi, činjenice..."

Sud je uzeo nju u zaštitu, a mene proglasio krivim. Osudio me je na dve godine zatvora. Posle nekoliko meseci ona je sama tražila da budem oslobođen. Nisam saznao zašto: da li se pokajala što je to učinila, ili je osetila da je ona kriva za sve, ili je, pak, time htela da zataška stvar, da razglasi da nije bilo ništa, da je nisam silovao, da ne bi bila „bela vrana" za čitavu okolinu... Da je ne bije loš glas... I mene su oslobodili. Eto sreće u nesreći! Naučio sam da vezem... rekao je Ilko.

Bogule ga je slušao otvorenih usta, zanet onim što je pričao Ilko, i osećao neko zadovoljstvo i radost što njegov deda, njemu, kao odraslom čoveku, priča sve ove stvari.

X

Crkvena zvona su zazvonila u sam osvit. Ptice koje su se sklanjale u zvonik uznemirile su se i počele da kruže oko crkve, da grakću. Počinjalo je da sviće, ali nekako mutno: selo je dobijalo neki veštački dekor, neke kulise, kao da se sprema za neku dramatičnu, jezivu scenu.

Pošto je svanulo, ljudi su pohrlili prema crkvi, ali pop ih je sačekao nekako čudno: nije radio one uobičajene radnje pre početka božje službe: stavljao epitrahilj, uzimao kadionicu, stajao okrenut malo leđima prema narodu, a onda licem, nameštao molitvenik na stalak, otvarao knjigu, krstio se i počinjao s čitanjem — nego je stao pred oltar zagledan u ljude i strogo kao sudija u sudnici počeo ljutito:

— Ljudi, vama sve više počinje da vlada nečastivi... U vama su se nagomilali mnogi poroci: zloba, blud, pohlepa, požuda, lopovluk, gnev, dvoličnost, laž, klevete, licemerstvo, huljenje, mržnja, nezajažljivost, preljube i druge nevaljalštine... Zbog svega toga nas bog opominje... Najpre dimom, a zatim još strašnijim stvarima... Vatrom kakvu je nad Sodomom video sv. Jovan bogoslov...

— Pope — prekinuo ga je krečar Oruš — ako čovek odbaci od sebe sve te stvari, šta će biti?

— Biće božji čovek — rekao je pop.

— Govedo, pope, a ne čovek... — odbrusio mu je Oruš.

— Kako?! — naježio se pop i uvukao vrat, spreman da skoči.

— Nemoj da ga slušaš, pope, pijan je — rekao je neko.

— Napolje! — dreknuo je pop na Oruša. — I da te više nisam video u crkvi!
— Vala i ne moraš! — odvratio je Oruš. — Nekada davno, u gradu kraj jezera bilo je trista šezdeset i pet crkava i ljudi su mogli svakog dana u drugoj da se mole... A ipak je bilo ljudi koji ni u jednu nisu kročili... I šta im je falilo, pope?
— Napolje! Antihrist! Jeretik! — pojurio je pop da ga izbaci iz crkve.
Ali Oruš je sam izišao.
— Nastavi, pope — rekao mu je neko. — Bog nam u svakoj nevolji kaže šta da radimo... I nije on kriv što ga ne razumemo...

Pošto se malo smirio, pop je uzeo jevanđelje svetog Jovana bogoslova i počeo da čita drhtavim glasom: „... I prvi anđeo zatrubi, i posta grad i oganj, smješani s krvlju, i padoše na zemlju; i trećina drva izgorje, i svaka trava zelena izgorje; i drugi anđeo zatrubi; i kao velika gora ognjem zapaljena pade u more; i trećina mora posta krv; i treći anđeo zatrubi, i pade s neba velika zvijezda... i ime joj bješe Pelen; i trećina voda posta pelen, i mnogi ljudi pomriješe...; i četvrti anđeo zatrubi, i udarena bi trećina sunca, i trećina mjeseca, i trećina zvijezda, da pomrča trećina njihova i trećina dana da ne svijetli... i vidjeh, i čuh jednoga anđela gdje leti posred neba i govori glasom velikijem: teško, teško, teško onima koji žive na zemlji... i peti anđeo zatrubi, i opet vidjeh zvijezdu gdje pade s neba na zemlju, i dade joj se ključ od studenca bezdana... i iziđe dim i iz studenca kao dim velike peći, i pocrnje sunce i nebo od dima studenčeva..."

Njegove oči namah su skrenule prema prozoru i on je prestao da čita. Stajao je kao ukopan.

Ljudi su počeli da se komešaju, da galame.
— Šta je, pope? Šta se događa?! — upitaše ga.
— Pogledajte! — pokazao je pop rukom prema prozoru. Kroz njega je probijao dim i ulazio u crkvu. — Tako, dakle... — izustio je potom i odložio knjigu.

Ljudi su se okrenuli prema prozoru i kad su videli dim počeli su panično da se guraju i izleću napolje. Izišli su u dvorište i pogledali prema *duvalu;* gledali su i prepirali se; jedni su govorili da je dima više, a drugi da nije, da ga samo vetar nosi ovamo. Ali ubrzo su svi krenuli svojim kućama.

U crkvi je ostala samo slepa Donka koja nije znala šta se događa. Videla je da se ljudi ne vraćaju, prekrstila se na brzinu, izvadila jednu paru iz džepa, pogladila je prstima da vidi koja je, stavila je na ikonu i, pošto joj se para učinila velika, uzela sa ikone nekoliko sitnijih para da joj se nađu za drugi put. Pokucala je štapom ispred sebe, i uputila se ka vratima. Na vratima ju je sačekao pop, premećući uplašeno ključeve. Rekao joj je ljutito:

— Požuri, da zaključam...
— Pope, šta se ovo događa?
— Zlo, šta...
— Ah, a ja sirota ništa ne vidim...
— I bolje... — odbrusio joj je pop, žureći da zaključa.
— A i da vidim, šta bih mogla da učinim... — dodala je. — Nek bude šta bude... Od sudbine se ne može pobeći... A i inače svašta je prešlo preko naših glava... Jedino ako se pakao otvorio... Je l' istina, pope, da gazimo po vatri... da je ona tu, odmah ispod naših kuća?
— Deder, izlazi! — zapovedio je pop sav drhteći.

Neki ljudi su se popeli na brežuljak i buljili u *duvalo*, a drugi su gledali da se što pre sklone po kućama.

Posle izvesnog vremena dah im je stao, srca su im utrnula, kad je iznenada odjeknulo nekoliko eksplozija, kad su se zatresli prozori na kućama. I svi su istrčali panično napolje. Gledali su u *duvalo* i raspitivali se šta sve to znači. Umirili su se tek kad su saznali da eksplozije dolaze iz kamenjara ponad sela, u kojem Oruš minama razbija kamenje za svoju krečanu.

Odmah potom, proneo se glas da će vladika posetiti selo. Počela su da zvone crkvena zvona, ljudi su se skupili usred sela da ga dočekaju. Vladika je iz grada doputovao fijakerom, i svi su ga odmah opkolili da čuju šta će im reći, kako će ih posavetovati o zlu koje ih je snašlo. Ali on je pogledao dim iz *duvala*, podigao ruku i napravio krst nad ljudima i blagoslovio ih je: „Bog je sa vama", rekao im je i, umesto u crkvu, kao što se očekivalo, zapovedio je fijakeristi da ga odveze do Cvetkove kuće, da mu odnese haber o sinu.

Sin bakalina Cvetka se pre rata upisao na bogosloviju u Beogradu. To je bila očeva i majčina želja. Inače, bio je slabašan, bolešljiv, vazda po lekarima i bolnicama. Molili su boga da ostane u životu i obećali su mu, čim poodraste, da će ga posvetiti njemu: da će ga dati za popa. Bog im ga je ostavio u životu i oni su ga, uz pomoć vladike, upisali na bogosloviju u Beogradu. Za tu uslugu, vladika je stalno navraćao kod Cvetka, koji ga je uvek dočekivao sa pečenim prasetom i drugim đakonijama. Na odlasku, davao mu je praseću žuč da njome maže srebrnu panagiju oko vrata da bi se što bolje sijala.

Ali počeo je rat i izgubili su svaku vezu sa sinom. Posle rata Cvetko ga je tražio na sve strane: i preko prijatelja, i preko rođaka u Beogradu, ali niko nije ništa znao o njemu. U Crvenom krstu u Beogradu prelistao je spiskove svih poginulih, ali ni tamo ga nije bilo. Nadao se da će se odnekud javiti, da će se ipak vratiti.

Još pre nego što je ušao u kuću, vladika je Cvetku i Cvetkovici rekao da im nosi lepu vest o sinu.

— Jesi lu čuo nešto? Jesi ga video? Gde je? — prosto su zavapili Cvetko i Cvetkovica, saginjući se i ljubeći mu ruku.

— Sanjao sam ga... — rekao im je. — Video sam ga u snu; bio je veseo, lep... I ispričao im je san: kako je gazio kroz neku vodu, ali je uspeo da iziđe... I to je lep znak da će se vratiti...

Cvetko i Cvetkovica su se mnogo obradovali vladičinom snu i odmah mu ispekli prase, natočili vina i lepo ga ugostili. Na odlasku dali su mu i žuč za panagiju...

XI

Ponekad, posle dugog rada u laboratoriji, Milu se događa da mu mozak stane, da se sáv izgubi. Tad napušta radni sto, stane pored nekog od prozora i dugo gleda napolje. To ga osvežava, odmara mu oči i misli, smanjuje mu napetost. Kroz prozor, kroz koji sada gleda prema istoku, vidi brežuljak i njegovo zelenilo, razno drveće: borove, kestenje, hrastove, bagreme, lipe, leske, jove, zatim retke migavce, kruške, trešnje, koje su nikle same od koštica koje je doneo vetar ili ptice. Obrastao raznim zelenilom brežuljak je lep u svako doba: u proleće je išaran cvetovima raznoraznih boja, koji šire opojan miris i unose nemir i omamljuju pčele; leti se vide razni plodovi koji jedre na suncu i privlače ptice; u jesen se ne zna koje drvo ima lepšu boju; lišće plamti kao vatra; zimi je drveće pokriveno belim šljokicama, resama i čipkama.

Po trapovima i izlokanim mestima raste nisko, žilavo, oporo rastinje: glog, šipak, dren, kupina, pavit — rastinje prilagođeno oskudnom životu i osuđeno da drži zemlju na padini, da se ne roni, da je ne speru kiše.

Usred niskog zelenila izviruje jedna crvenkasta stena, koja se nadnosi nad strminu, kao da hoće da skoči. Kad je sunčano vreme, blešti kao bakar. U njenim rupama i pukotinama žive razne ptice, koje stalno pevaju ili cvrkuću, radujući se, ili grakću svađajući se za neko bolje boravište; ali čim osete zajedničku opasnost: orla ili lisicu, beže glavom bez obzira, često i u isto gnezdo. 'Iza brežuljka vidi se deo planine obrastao ogromnim drvećem: bukvom, cerom, blagunom, jablanom, meduncem, koje često zahvata dim iz *duvala* i začas nestane, začas ga udahnu.

Kroz prozor koji je okrenut prema jugu vidi kuće poređane podno brežuljka i uz put koji vodi u prijezerski grad: sve su različite po visini i po materijalu kojim su građene: prizemljuše, dvospratne; neke ozidane ciglom, ćerpičem, neke, pak, kamenom; omalterisane ili obložene oblicama; neke lepo ograđene ili bez ikakve ograde. Reka što silazi sa planine prolazi uz sam put, klizi uz njegove potporne zidove, a zatim, podno sela, napušta ga i odlazi slobodno kroz polje, krivuda kao jegulja i uliva se u jezero. Tu se vidi jedan deo jezera koje stalno menja svoje lice: čas je mirno, čas uzburkano; čas svetlo, čas tamno.

Prizor koji posmatra, Milu izgleda kao neki crtež nacrtan neveštom rukom, ali interesantan zbog boja i detalja.

Selo je okrenuto ka južnoj strani, peče se na suncu: na tu stranu okrenuto je i drveće sa svojim plodovima, zatim grozdovi, žita, suncokreti i sve druge biljčice i travčice.

Ponekad Mil kroz prozore posmatra borbu vetrova koji se često sukobljavaju iznad sela i biju li se, biju; biju se *severac* i *jugo, istočnjak* i *zapadnjak*, a u tu borbu ponekad se umešaju i neki manji vetrovi i nastane opšti metež, pravi haos; čas je jedan vetar u premoći, čas drugi; u toj žustrini lomi se drveće, padaju crepovi, ruše se dimnjaci, pucaju prozori, lete plastovi ražene slame, kukuruzovina; čupaju se stabalca, mlade sadnice; kovitla lišće, pleva, pepeo; vetrovi fijuču, urliču kao zveri, valjaju se po zemlji, dižu se gore, zahvataju širok prostor prema nebu i ponovo se spuštaju nad selo i brežuljak, presecajući i dim iz *duvala*. Ljudi, zatvoreni u svojim kućama, preklinju ih i mole boga da ih stiša, da ih otera nekud. A oni odu tek pošto se isprazne, tek pošto se isprebijaju. Tad, kao posle strašne bitke, nastupi grozna, neizdržljiva tišina.

Gvireći kroz prozore napolje, prateći promene u prirodi, nestajanje i obnavljanje, Milu se misli vraćaju mnogo unazad, pre nekoliko milijardi godina, kad je zemlja bila pusta, beživotna planeta; u svojim mislima vidi vulkane koji izbacuju lavu na sve strane, rasprskavajući je kao vatromet, kao neko slavlje, kao neku radost što ta usijana magma počinje da stvara prvu živu ćeliju, prvu živu materiju na zemlji.

Takve misli su mu davale nove impulse i snagu da nastavi sa svojim eksperimentima. Da radi strpljivo, uporno, dokraja.

Ponekad, uveče ili noću, kad se kroz prozore nije moglo videti ništa napolju, izlazio je da prošeta, da se osveži, da ublaži napetost u sebi. Danju je retko izlazio. Izbegavao je da se sretne sa ljudima: smetalo mu je da troši reči u praznim, običnim, seoskim razgovorima, od kojih, ne samo da nije imao nikakvu korist, nego su ga i dekoncentrisali, odvlačili mu misli, razvodnjavali ih. . . A bilo je i takvih ljudi koji nisu ništa razumeli, koji nisu mogli da shvate kakvim se poslom bavi, a neki su ga bogme i mrzeli, znajući za njegove potajne namere sa vulkanom. . . Sve više je izbegavao i svoju ženu, jer mu je ona stalno zvocala, i u svakoj prilici govorila da treba da se okane tog jalovog posla. Izlazio je iz laboratorije samo kad mora, ili onda kad bi čuo Boguleta da ustaje da šeta — da ga uzme kod sebe u laboratoriju i da nastavi sa svojim eksperimentima, čitajući mu pri tom i školske lekcije.

A nije šetao i zbog toga što nije hteo da se sretne sa drvosečom Metodijom Lečoskim, onim što liči na njega, jer pri svakom susretu s njim, nešto bi ga štrecnulo i obuzela bi ga neka čudna nelagodnost: kao da je video samog sebe u ogledalu. Sklanjao je pogled i bežao glavom bez obzira.

Najviše se radovao kad mu je iz grada dolazio njegov kolega Sirin, koji se takođe bavio naukom. S njim je sve vreme provodio u razgovorima, kojima nije bilo kraja. Pričali su jedan drugome šta rade; razmenjivali iskustva, hrabrili se, podsticali. Ponekad je i Mil odlazio kod njega u grad, i tamo su sve vreme provodili u razgovorima. Dobro su se slagali, jer Sirina je zanimala sasvim druga oblast — mehanika. Imao je mnogo izuma iz te oblasti i nastojao je da drži rekord u broju prijavljenih izuma u Zavodu za patente.

Ponekad je razgovarao i sa doktorom Tatulijem, kad bi naišao kod njih kući. I Tatuli je pokazivao interesovanje za ono što Mil istražuje, čak se i oduševljavao njegovom hrabrošću da se bavi tim krupnim stvarima. Rekao mu je da se i mnogi drugi naučnici u svetu bave tim poduhvatom. Pričao mu je da je i u Italiji, za vreme rata, neki naučnik radio na ovakvom eksperimentu i uspeo da stvori samo neki vrlo opasan, smrtonosan virus. Za to je saznao Musolini i zatražio od naučnika formulu da bi počeo proizvodnju virusa za vojne potrebe. Naučnik je odbio da je dâ u tu svrhu, zato ga je Musolini streljao.

Jedne oblačne noći Mil je izišao napolje da razbistri misli, da udahne čistog vazduha, da smanji pritisak u glavi. Dok se šetao, počela je da pada kiša. Nastavio je da šeta po kiši, osećajući kako mu od nje biva bolje, lakše. Popeo se na brežuljak da vidi hoće li od slivanja vode u *duvalo* izbiti jača para i hoće li se temperatura povećati. Obišao je selo i kad je dobro pokisao, kad mu je postalo hladno, vratio se kući. Presvukao se i ušao u laboratoriju da nastavi sa poslom, osećajući svežinu i olakšanje u duši i glavi. Odblesci munja koji su ulazili kroz prozore u laboratoriji, pravili su rendgenske snimke predmeta i nabijali vazduh elektricitetom, koji je delovao stimulativno i na Mila i na sintezu, koja je trebalo da ubrza proces stvaranja žive materije.

Ujutro, kad je ustala, Milova žena je videla da je dvorište puno vode; da se izlila nadošla reka, da je potopila sve. Pozvala je Mila da iziđe iz laboratorije, ali on nije izišao. Pozvala je Boguleta i Ilka da ustanu i da pođu da začepe nasip. Oni su ustali, obuli čizme, uzeli lopate i krampove i otišli na nasip. Bacali su u rupu kamenje, drveće, busenje, vreće sa peskom i jedva uspevali da je začepe. Odjednom su u reci primetili čoveka koji se davi. Dozivao je u pomoć. Sjurili su se prema reci i Bogule je počeo da viče uplašeno:

— Moj tata... Davi se...

— Kako?! — štrecnuo se Ilko. — Otkud on ovde...

Kad su prišli bliže i kad je čovek pomolio glavu iz vode, Ilko je rekao:

— Ma kakav otac... To je Metodija Lečoski, drvoseča...
Boguletu je odmah laknulo.
U vodi, odmah uz Metodija, plivao je njegov magarac.
Ilko i Bogule su počeli da bacaju prema njemu drveće, grane, da se uhvati, da ne potone; silina vode ih je odnosila. Magarac je uspeo nekako da se dokopa tla, da ukopa prednje noge u obalu. Ali čim je pokušao da iziđe, meka zemlja se oburvala i on je nastavio da pliva prema Metodiji. Metodija je uzalud pružao ruke da dohvati ular, da ga zadrži. Ilko i Bogule su trčali niz korito da mu pomognu; istrčali su potom i drugi ljudi, čuvši viku i dreku, i počeli da bacaju sve što im je dolazilo do ruku: koševe, sanduke, drveće, kace — da se Metodija uhvati, da ispliva. Metodija je hvatao predmete, držao se da ne potone, ali nije hteo da iziđe, već je zamahivao nogama, napinjao se i smerao da dođe do ulara, da ga uhvati, da i magarca izvuče; ali čim bi mu uspelo da dohvati ular, matica bi ga povukla jače i on ga je ponovo ispuštao i odmicao dalje. Magarac je stao tačno ispod mosta. U stvari zapeo je ularom za neko gvožđe što je štrčalo iz dna. I što se više otimao i napinjao da oslobodi i izvuče glavu, to se više ular stezao oko njegovog vrata, pa je magarac počeo da se guši. Od straha i panike, magarac je još jače cimnuo, i to je za njega bilo kobno: ular se pribio uz njegov vrat, a magarčev trbuh počeo polako da se nadima, da se puni vodom, da narasta. Posle izvesnog vremena već je plivao po vodi. Za to vreme, ljudi su trčali niz rečno korito da pomognu Ilku, da izvuku Metodija. Najzad, bacajući mu uže, uspeli su da ga izvuku na obalu. Postavili su ga nogama nagore, istresli vodu iz njega i kad je došao do daha, upitao je:
— A magarac? Je li i on izišao?
— Nije — rekoše mu — udavio se...
Lice mu se zgrčilo a on se sklupčao kao ošinut gromom i zaplakao:
— Jao meni, ostao sam bez njega...
Ljudi su se zgledali i rekli:

— Gle, kakvi smo ti mi ljudi! Ne vidi da je jedva izvukao živu glavu, nego žali za hajvanom...
— Jao, jao... — kukao je i dalje Metodija.
Ilko ga je podigao, uzeo ga podruku i poveo kući. Slušajući ga kako uzdiše, rekao je Boguletu:
— Razumem da mu je žao... Od njega je živeo... S njim je išao po drva, s njim se prehranjivao...
Kad su se Ilko i Bogule vratili kući, videli su Mila kako stoji na prozoru laboratorije i kako bulji u dvorište ispunjeno vodom. Posmatrao je u vodi odraz kuće i krošnje jabuke, nebo i oblake, i tonuo pogledom sve dublje. Udisao je zamišljeno sveži vazduh ispunjen ozonom, koji mu se lepio za nepca kao žestoko piće, i okrepljavao se posle noćašnjeg bdenja.
Njegova žena je izišla na čardak, primetila ga i počela da viče:
— Kad bi se i kuća srušila, tebi bi bilo svejedno... Lupaš glavu o stvarima od kojih nemaš nikakvu korist...
— Imaću... Imaću, jednog dana... — promrmljao je Mil.
— Kada? To pričaš iz dana u dan. Kad si već napustio posao u Veterinarskoj stanici, što ne počneš da obrađuješ imanje... kao svi ljudi...
— Gle, gle! — izustio je Mil i zatvorio prozor da je više ne čuje.

XII

Cele noći Tane nije spavao. Prevrtao se u krevetu, ustajao, légao, ali nikako oko da sklopi: čuo je nekakvu podzemnu tutnjavu. Osluškivao je i činilo mu se da se vulkan sprema da izbije; izlazio je na čardak, gledao prema *duvalu*, ali noć je bila tamna, oblačna, te nije mogao ništa da vidi; šetao se po čardaku, kroz kuću, izlazio je u dvorište i jedva čekao da svane. Kad je počelo da sviće, izišao je iz kuće i uputio se ka brežuljku, da vidi da li se dim povećava. Zora se otvarala iza brežuljka, crvena kao brežuljak, kao da je vulkan izbio.

Na brežuljku je primetio neki neobični cvet. Bio je jarko crven — kao plamen. Čučnuo je pored njega i počeo da ga razgleda. Razgledajući ga, primetio je da je veoma sičan onom cvetu koji je video u knjizi o vulkanima, *vulkanskom cvetu*, koji raste pored vulkana i koji se javlja pre nego što oni izbiju. Uplašio se, otkinuo ga je i uputio se prema kući da ga uporedi sa cvetom iz knjige. Gledajući ga tako sa cvetom, ljudi su ga zapitkivali:

— Šta je Tane? Jesi poranio po cveće?

— A jeste li videli nekad ovakav cvet? — pitao ih je on pokazujući im ga.

Ljudi su piljili u cvet, okretali ga, mirisali, neki su govorili da jesu, drugi da nisu videli.

— Znate li vi kakav je ovo cvet i kako se zove? To vam je *vulkanski cvet;* javlja se uoči izbijanja vulkana — rekao im je.

Ljudi su se naježili. Gledali su prema dimu koji se spajao sa oblakom što se bio nadneo nad brežuljak i činilo im se da postaje veći. Ali najviše su se prestrašili kad su ujutro videli prozore uprljane, potamnele od dima što se sa maglom bio zalepio za staklo: sunce je kroz njih izgledalo mutno, crno.

Neki od njih su počeli da gube san: ustajali su noću, vrzmali se po kućama, dvorištima, sokacima, disali kao ribe na suvom. Gledajući se međusobno kako šetaju noću, kako govore glasno, kako se žale na nesanicu, na glavobolju, na nervozu — spopadao ih je sve veći strah; dobijali su vrtoglavicu; zemlja im se pela gore, a nebo im je silazilo dole: kao da su lebdeli u oblacima; teturali su se i pridržavali da ne padnu. Potom su počeli da štucaju i da prenose štucanje jedan drugome, kao petlovi jutarnju pesmu. Da bi umirili štucanje, uzimali su zalogaje hleba ili pili vodu, a neki su i rukom zadržavali jabučicu da im ne poskoči.

U četvrtak su se svi skupili u seoskoj ambulanti, što je bila smeštena u prostorijama Mesnog fronta, da sačekaju rejonskog doktora Tatulija, koji je dolazio iz grada, i da potraže lek. Doktor Tatuli je bio Italijan, ostao u gradu posle kapitulacije Italije. Radio je u Gradskoj bolnici i svakog četvrtka dolazio u selo da pregleda narod.

Doktor Tatuli je voleo piće, pa ljudi koji su išli na pregled nisu zaboravljali da ponesu poneku flašu. Počinjao je sa pregledima tek pošto se malo zagreje.

Kad je dolazio, bio je neraspoložen, nervozan, napetih nerava, a kad je odlazio — odlazio je veseo i s pesmom. Dolazio je mirišući na jod i lekove, a odlazio sa mirisom alkohola. Ljude je delio na zdrave i bolesne i na ni zdrave ni bolesne — u stanju *ambulije;* njih je terao da malo popiju, da se oslobode nemira i napetosti. I zaista, čim bi malo popili, osećali bi se bolje. Doktor je osetio da mnogi ljudi koji se žale na neku muku pate od psihičke prenapregnutosti, da ih izjeda strah... Govorio im je: „Postoji jedna latinska poslovica koja glasi: 'In metu, ocali Laxaht et cor premit' ('U strahu se zenice šire, a srce skuplja'). Nemojte da mislite na dim i videćete da će vam biti bolje." Onima kojima to nije pomagalo, davao je tablete za spavanje.

Ali Mil je govorio ljudima:

— Nemojte gutati tablete, jer ćete postati imuni, a posle vam ništa neće pomoći da zaspite. On im je preporučivao da pre spavanja zapale malo sumpora. — Jer, nesanica — govorio im je — posledica je toga što se sa pojavom dima smanjila ranija količina sumpora u vazduhu. Sumpor je sastavni deo našeg disanja od samog rođenja. On nam je ušao u svaki gen. Zbog njegovog smanjenja reaguje nam organizam: isto onako kako reaguju biljke koje žive pored mora i koje su navikle na jodna isparenja: čim ih presadite na neko drugo mesto, gde nema joda — ne mogu da se održe; boluju, venu.

Neki, probe radi, palili su sumpor, a neku su govorili da je to glupost.

Krečar Oruš je neprestano pio i bilo mu je sve ravno. Govorio je bratu Tanetu:

— Uzmi, nacvrckaj se, videćeš da će ti biti lakše. Zar ne vidiš da i doktor Tatuli čim dođe ovde odmah počne da pije da odagna misli od vulkana što mu dimi nad ambulantom, da ne misli da ga svakog trena može poklopiti...

Tako je i Tane započeo da pijucka, ali je često umeo da pretera. Napio bi se preko svake mere i dobio neku kuraž, neku snagu; peo se na brežuljak hodajući i nogama i rukama, dolazio do *duvala*, otkopčavao pantalone i pišao u njega, vičući:

— Deder, što sad ne izbiješ, mamicu ti tvoju! Deder... da te vidim!

Za njim su trčali njegovi žena i deca, ali on je samo odmahivao rukama i nije se dao da ga vrate.

Ali čim bi se otreznio, opet bi ga obuzeo strah.

On je bio zaplašen od najranije mladosti: dvaput ga je udario grom. Kad ga je prvi put udario, spasli su ga ubacivanjem u bure puno vode, da mu iziđe elektricitet. Kosa i obrve su mu izgorele, a izgorela mu je i koža na licu. Kasnije izrasla mlada koža bila mu je tanka i providna kao papir za uvijanje cigareta; kroz nju su se videli mrežasti kapilari kao grane suve paprati. Kosa mu nije porasla, porasle su mu obrve — i to bele. Posle nekoliko godina opet ga je udario grom. „Bože, ili je proklet, ili ima previše gvožđa u kostima pa privlači gromove", govorili su ljudi i činili sve da ga spasu: opet su ga zatrpavali zemljom i peskom, opet su ga gurali u vodu da mu iziđe elektricitet. Ostao je živ, opet se spasao, ali bez prstiju na jednoj ruci. I od tada, čim počne da grmi, nije smeo da iziđe iz kuće. Vodio je računa da se po nevremenu ne zatekne u polju ili u planini.

Taj strah sad je bio pojačan pojavom dima. Ranije je čitao knjige i proučavao sve o gromovima, a sad je čitao knjige o vulkanima i proučavao ih.

Nekoliko puta se spremao da napusti selo, da se iseli, ali žena i deca nisu hteli. — Gde, i od čega ćemo živeti — govorili su. — Šta bude sa drugima, neka bude i s nama...

— Mani se toga, brate — govorio mu je krečar Oruš. — Čim do sada nije izbio, neće ni sad...

Sneg što je pao bio je neobičan, čudan, crn; deca su mu se poradovala i pojurila, ali kad su ga uzela u ruke, kad im je na rukama ostavio crne mrlje, radost im je naglo splasnula. Počelo je da ih obuzima tužno, mučno raspoloženje. Uostalom, kao i odrasle. Oni su buljili u njega i gunđali:

— Bože, ovo do sada nije bilo...
— Biće, bogme, i gore! — govorio im je Tane. — Počeće da pada i crna kiša, a crna magla... Duvaće crni vetar, grejaće crno sunce... I crna trava će rasti, i crno cveće će cvetati... Zar ne vidite da dim neće da stane!

Ljudi su istresali crnilo iz noseva, ježili se i govorili:
— Mani ga, bože...

Ali sad je dim počeo danju da zaklanja sunce, da baca neke strašne, čudovišne senke na selo, koje su se kretale, milele i uvlačile u njihovu dušu.

Pojavili su se i vetrovi i opet započeli svoju bitku, kao da su upravo nad njihovim selom pronašli teren za prave obračune. Kad su se manji vetrovi povukli — *severac* i *jugo* nastaviše žučno da se gušaju, da se rvu: čas je *severac* uspevao da istisne *jugo*, da ga otera iz sela, da ga potisne prema polju i jezeru, čas je *jugo*, skupljajući snagu, saletao *severac*, hučeći i šibajući ga krupnim kapima koje je zahvatao iz jezera; njima je, kao kakvom sačmom, zapljuskivao prozore, drveće, sve što bi mu se isprečilo na putu. Šibao je tako *jugo,* vitlao bičem, ali *severac,* zaklonjen iza planine, skupljen i napet kao luk, stuštio bi se na njega i uz huk i buku izjurio ga iz sela. Potom je doneo sitan, bodljikav sneg i pokrio kuće, puteve, praveći smetove i nanose, zakrčujući prolaze. Dovukao je i hladnoću i okovao brazde i reke debelim ledom; strehe su okovali nebeski mosuri, kao sablje i handžari. Jurio je za ljudima kad su izlazili napolje da obave neki posao ili da kupe nešto u Cvetkovom dućanu, i urlao kao zver koja hoće da ujede. Oni su se uvijali i branili.

Kad je okončao svoju vladavinu i kad se *severac* negde izgubio, u selo je opet došao vladika. Po običaju, ljudi su otrčali usred sela da ga dočekaju, da mu poljube ruku, da potraže kakav savet od njega, ali on je ustao, podigao se u fijaker, namestio je panagiju na grudima da mu ne leprša, podigao ruku, napravio krst nad njihovim glavama i rekao: ,,Nek je bog s vama, čeda. . ." Onda je dao znak fijakeristi da krene prema kući Cvetka dućandžije.

I čim su ga sačekali, rekao je Cvetku i Cvetkovici:

— Opet vam nosim lepu vest o sinu. . .

— Jesi li nešto saznao. . .?

— Ponovo mi je došao u san. . . bio je zdrav, veseo. Rekao mi je da vas pozdravim. . . I evo, došao sam. . .

— Bog te čuo, čestiti vladiko. . . — obradovali su se Cvetko i njegova žena, ljubeći mu ruku i klečeći pred njim.

Ponovo su mu ispekli prase i ugostili ga. I opet su mu dali žuč za panagiju.

XIII

„Bože, šta sve nećemo doživeti", rekli su ljudi kad su ujutru ustali, kad su osetili kao da se nalaze u staklenom zvonu: svaki glas, svaki zvuk, pa čak i najmanji šum — čuo se kristalno jasno, kao da se odbijao od nečeg, kao da se umnožavao; mešali su se glasovi ljudi, stoke, živine, pitca, plač i vika dece, bat i topot konja i magaraca, škripa vrata — mešalo se sve i odbijalo umnožavajući se; neki su stavljali dlanove na uši, naizmenično ih sklanjali, slušajući u ušima neko isprekidano: va-va, va-va. Vazduh se ljudima činio gustim, činilo im se da ga mogu zahvatiti pregrštima, da ga mogu srkati; šmrkali su nosevima i njušili kao divljač.

Ta neobična pojava trajala je do podne, sve dok se vazduh nije zagrejao i razredio.

— Šta ovo bi... — čudili su se ljudi.

— Priroda je prepuna tajni — govorio je Mil. — One se javljaju s vremena na vreme da nam je učine zanimljivijom. Prvobitni ljudi su imali veću sreću i veće zadovoljstvo od nas: njima su se stalno javljale neke pojave koje su ih opčinjavale, uzbuđivale...

Zavladala je velika hladnoća. Promrzle grane su škripale, pucale i lomile se kao staklo. Ljude je obuzeo neki grozan kašalj: svi su kašljali, ne znaš ko od koga gore..., kao da će pluća iskašljati.

Kašalj je spopao i Ilka i uterao mu led u kosti. Dobio je potom groznicu; drhtao je i cvokotao zubima; pokrivao se debelim ćebadima, savijao u klupče, ali nikako da se ugreje. Posle izvesnog vremena studen mu se pretvorila u vatru: goreo je, znojio se, zbacivao sve sa sebe, ali ništa nije pomagalo; osećao se kao da se ponovo nalazi u Sahari, u jari koju je jednom doživeo; u bunilu ponovo mu se pred očima pojavila Sahara, i ona žena koja je pošla s njim, i koja mu je stalno otvarala prozor na džipu i govorila: ,,Izdrži, izdrži još malo", a kroz otvorene prozore umesto svežine unosila još veću vrućinu. ,,Gde sam te našao, i šta mi je trebalo da pođem s tobom!", vikao je Ilko. A našao ju je u jednom hotelu u Aleksandriji, u kojem je, inače, radio. Ona je ostala nekoliko dana u hotelu i to je bilo dovoljno da se upoznaju. Rekla mu je da proučava pustinje, da je došla da prouči Saharu. Dok se pripremala za tu ekspediciju i nabavljala sve što joj treba, Ilko je saznao mnoge stvari o njoj, o njenoj strasti da istražuje pustinje i koliko ih je do tada istražila, a ona o njemu: odakle je, šta traži tu, gde je sve išao po svetu i kuda će dalje; videla je da je Ilko nemirna duha, večiti putnik i lutalica, da se, kao i ona, lako upušta u rizik — i zavolela ga je; čak mu je predložila da je prati nekoliko dana kroz Saharu — i Ilko se saglasio. Obezbedili su sve što treba, napunili džip i krenuli kroz Saharu, smenjujući se u vožnji. Išli su kroz žuti peščani beskraj i zustavljali se na nekim mestima na kojima je ona uzimala uzorke peska, primerke zakržljalog pustinjskog rastinja, i nastavljali dalje.

Ona je imala zanimljivu, čudnu glavu, koja je Ilku, što ju je duže gledao, sve čudnije izgledala, naročito iz profila: lice i čelo su joj bili spljošteni, ličili su na sečivo sekire; nos joj je bio šiljat i izdužen kao kljun; oči male kao đinđuve; obrve tanke i spojene; uši prilepljene; usta zaobljena, skupljena kao pištaljka. Dok je govorila — šištala je. Još čim je upoznao, rekla mu je da se zove Marija Magdalena; da su joj to ime dali roditelji prema imenu svetice, da bi bila skromna i povučena u životu kao ona.

Posle dugog putovanja ona se umorila i naslonila glavu na Ilkovo rame, golo, bez košulje. Ilko ju je jednom rukom zagrlio, a drugom držao volan. Postalo je i njoj toplo, pa je i ona svukla bluzu. Ugrejane kože su im se spojile i podstakle još veću vatru u njima. Ilko je zaustavio džip i oboje su prešli na zadnja sedišta. Takvo znojenje i takva vatra događaju se samo u groznici, u bolesti! Toga dana zaboravili su i na put i na skupljanje uzoraka.

Narednih dana nailazili su na oaze, odmarali se, uzimali vodu i nastavljali u pravcu koji je bio obeležen na karti. Često, kao putokaz, služile su im kosti uginulih kamila.

Prošlo je nekoliko dana i Ilko više nije mogao da podnese pustinju, počeo je da se pribojava pustinjskog sivila, jednoličnog i dosadnog šuštanja točkova po pesku, bleska sunca koje mu je burgijalo po glavi, počela je da ga hvata panika, da ga obuzima strah od ogromnog prostranstva, od potpunog bezizlaza. Ona je govorila da to za nju nije ništa, da je prolazila i kroz gore pustinje, i u težim uslovima, i skupljala je razne uzorke pustinjskog rastinja i kosti uginulih životinja. Za povratak — nije htela ni da čuje. Hrabrila je Ilka da izdrži još malo, ali Ilka su napustili i snaga i duh, bio je skoro na ivici: izgubio je apetit, počelo je da ga hvata slepilo, vrtoglavica. I ko zna šta bi se dogodilo s njim da nisu svratili u mesto El Minja da uzmu benzin. Čim je sišao na benzinskoj pumpi, nestao je glavom bez obzira i, posle nekoliko dana, vratio se u hotel, u Aleksandriju. Dugo vremena nije mogao da se oporavi. Stalno je sanjao vatru i dozivao u pomoć.

I sada, u bunilu vidi vatru i doziva u pomoć. Skočio je iz kreveta. Ali Mil ga drži i umiruje:
— Umiri se, oče, ja sam...

Menja mu hladne obloge na čelu i grudima, koji mu gore.

Prvog četvrtka, čim je doktor Tatuli stigao u selo, Mil ga je pozvao da ga pregleda. Doktor mu je izmerio temperaturu, pogledao toplomer, podigao obrve, začudio se, stresao ga i ponovo stavio ispod pazuha. Sačekao je, izvadio toplomer i video da nije greška: Ilko je imao temperaturu iznad kritične tačke. Doktor je još jednom pogledao toplomer i rekao uzbuđeno:
— *Mama mia!*

Izvadio je užurbano špric iz torbe i dao mu injekciju. Sačekao je izvesno vreme.
— Ima li leka, doktore? — upitao je Mil.

— Videćemo — rekao je on. — Ovo mi se do sada nije dogodilo. Nisam video čoveka sa ovakvom temperaturom.
Potražio je rakiju, iskapio čašu, ostavio neke tablete i otišao.
Narednog četvrtka opet je došao i nemalo se iznenadio kad je video Ilka na nogama.
— Čelik... Mama mia! — počeo je da ga kucka po ramenu.
— Kalile su me muke i nevolje — rekao mu je Ilko. Pregledo mu je i srce, oduševio se, i opet potražio rakiju. Donela mu je Milova žena i rekla:
— Kako je izdržao onoliku temperaturu, bože!... kako se nije raspao...
Ilko joj je rekao:
— Kad telo slabi, snaho, duh jača...
Ilko je doktoru Tatuliju ispričao da je i ranije iamo takvu groznicu — jednom u Aleksandriji, a drugi put u Kalkuti, gde mu je bilo najteže — umalo da umre. Mudrac kod koga je radio, kad je video da mu nema spasa, popeo ga je u kolica i izneo na ulicu ispred čajdžinice. Ljudi koji su prolazili zastajali su kod Ilka, zapitkivali mudraca od čega boluje a on im je govorio da ima neku jaku groznicu i da nikakav lek ne pomaže. Ljudi su zagledali njegove oči, jezik, dodirivali mu čelo, ruke, noge, i svaki je predlagao neki lek koji zna ili za koji je pretpostavljao da može da mu pomogne. Mudrac je zapisivao lekove, kuvao trave koje su predlagali i davao mu da ih pije. I posle izvesnog vremena, neki od tih lekova pomogao je, i Ilko je ozdravio. Tad mu je mudrac rekao: ,,Ova će ti se groznica ponavljati. Ali nemoj se uznemiravati: svako ima neku bolest — tek da nije sam."
Doktor Tatuli, slušajući Ilka kako govori i pri tom koristi neke strane reči, među kojima i italijanske, povukao je iz flaše i upitao:
— Gde si naučio italijanski jezik?
— U Italiji!
— A gde si sve bio?
— U mnogo mesta. Najviše u Milanu...

— Ah, *mama mia*, u Milanu? — oduševio se Tatuli.
— U mom rodnom mestu... Je l' ti se dopao Milano?
— Pamtiću ga celog života po onome što sam doživeo u njemu... — rekao je Ilko.
— Šta? Hajde, pričaj... — prišao je bliže i povukao još jednom iz flaše...

Ilko je stavio duvan u lulu, pritisnuo ga lepo palcem, zapalio i nastavio:

— U Milanu sam se upoznao sa jednim našim čovekom iz ovog kraja; radili smo zajedno neke zidarske poslove. On je bio lud za igrom na sreću. Samo je na nju mislio. Stalno je kupovao lozove. Nadao se da će jednog dana dobiti glavni zgoditak i da će se vratiti kući, da kupi imanje i da ne skita više po svetu — da živi sa porodicom. Stalno je kupovao lozove i sa nestrpljenjem očekivao dan izvlačenja. Često nije mogao da spava, naročito uoči izvlačenja; šetao je po dvorištu ili ulicama i čekao da svane, da se pojave listovi. Kupovao je novine, prelistavao ih sa uzbuđenjem i tražio rezultate. Virio je u loz, proveravao brojeve, menjao boju; srce mu je igralo, a on dobijao žutu boju, kidao loz sa jedom u duši i bacao novine. I tako stalno, pri svakom izvlačenju. Bilo je trenutaka kad je odustajao, kad više nije hteo da kupuje lozove, ali oni su trajali do dana uoči izvlačenja: tad je uvek odlazio u trafiku, uz put je želeo da ih ne nađe, ali odmah zatim kumio boga da ih, ipak, nađe. Uzimao je lozove i malo olakšavao sebi, bar do uveče. Tada je ponovo počinjalo nešto da mu talasa dušu, da ga obuzima, da ga uzbuđuje i — on opet nije mogao da zaspi, ponovo je izlazio da šeta, da bulji u zvezde, da nestrpljivo očekuje da svane, da stignu novine. I ponovo uzbuđenje prilikom otvaranja novina, prilikom traženja rezultata; i ponovo stezanje srca, ponovo žutilo, kidanje lozova, bacanje novina i oslanjanje o neko drvo ili o zid da bi došao k sebi, da bi se smirio.

Stalno me je terao da i ja kupujem lozove. Ali ja sam ga odbijao, sve do onog dana kad me je u jednoj kafani našao ulični prodavac lozova i to malo nacvrckanog — i ja sam kupio. Ponovo, uoči izvlačenja, on je morao da šeta ne mogavši da zaspi. Pre svanuća probudio me je da odemo i sačekamo novine. Sačekali smo ih. On je pogledao rezultate i pozeleneo. Pogledao sam i ja i video da je moj loz dobio jednu od premija. Kroz telo su mi prošli žmarci i rekao sam: „Gle!" A on, kad je video koliko sam novaca dobio, počeo je da skače, da se raduje, da me ljubi, kao da je on dobio. „Hajde", rekao sam mu, „da te častim." I ušli smo u prvu kafanu. Naručio sam najbolja i najskuplja pića. Takođe i najskuplja jela. Pili smo i jeli koliko smo mogli. Prešli smo u jedan drugi, bolji restoran — sve isto; u trećem — opet isto: našljokali smo se do guše. „Dosta je bilo", rekao je on, „hajde da odemo." Meni je ušla voda u uši: „Kako dosta", rekao sam, „hajd' sa mnom!" Pozvao sam četiri taksija: u jedan sam seo ja, u drugi on, u treći sam stavio novine u kojima su bili objavljeni rezultati, u četvrti mistriju i fanglu kojima sam radio, i naredio sam im da voze, da špartaju po gradu. Obilazili smo grad, zalazili u mnoge kafane i barove i stalno pili. Častio sam sve one koji su mi se svideli. Kružili smo kolima, a moj zemljak je vikao: „Dosta, bre, Ilko, dosta. . ." Govorio sam: „Samo ti uživaj. . . Nek ti je po volji. . ." Plaćao sam taksistima koliko traže i terao ih da voze kud mi se prohte ili gde oni predlože. Obišli smo mnoge barove, sa najlepšim ženama; uzimao sam i njima taksi i vozikali smo se kroz grad, kružili kao neka svadbena povorka. Gledajući kako se troše, kako se tope pare, on je samo jaukao i terao me da se zaustavimo, da odemo kući. Ali ja sam mu ponavljao: „Uživaj. . . Uživaj. . ." Noć smo proveli po barovima, a u samo jutro zatekli smo se u kockarnici. Stavljao sam pare na rulet, igrao, a on me je stalno vukao za rukav, stalno mi otimao torbu: „Dosta, već jednom, hajd'mo kući", vikao je i preklinjao me. Gledao je kako se novac topi i jadikovao kao da je njegov. Ja sam stavljao na rulet, igrao. Kad sam najzad stavio i poslednju paru, kad je video da više nema ništa u torbi, zgrčio se, uhvatio za grudi, jauknuo je i stropoštao se na pod. Pritrčali su ljudi, posluga iz bara, počeli da ga trljaju, da mu ukazuju pomoć, ali kad su videli da ništa ne pomaže, prebacili su ga kolima u bolnicu. Konstatoval su infarkt. Jedva je izvukao živu glavu. A ja sam ostao spokojan kao i pre. Kao da se ništa nije dogodilo, kao da nisam dobio ni dinara. Čak sam osećao i neko olakšanje od te tegobe, od te more, što su mi nenadano nametnule pare. Uzeo sam fanglu i mistriju, bog ih poživeo, i nastavio da radim kao ranije, mirno, spokojno...

Ilko je čeprknuo opiljkom u luli, podstaknuo vatru, počeo da povlači dim i ispušta kolutove dima koji su lepršali po sobi.

Doktor Tatuli, pribijajući grlić flaše uz usnu, upitao je:

— A koliko je para bilo?
— Sto miliona lira.
— Sto miliona?!
— Da, sto...
— Ih, *mama mia*, šta si to uradio, čoveče... — povukao je malo iz flaše da stiša uzbuđenje.
— Al' smo se proveli! — likovao je Ilko i prebacio lulu u drugi ugao usana.
— Šta ti je trebao taj rulet? — rekao je doktor još obuzet uzbuđenjem.
— Da probam...
— Eh, taj rulet, taj kazino... i mene je u mladosti upropastio... — uzdahnuo je Tatuli. — Doveo me do prosjačkog štapa... — dodao je i nastavio da poteže iz flaše. Onda je prostrelio Ilka pogledom i rekao:
— I šta kažeš, bio si miran, spokojan? Vraga!
— Nego šta... Kako došlo — tako otišlo... Kao u snu...
— *Manjifiko!* — otelo se doktoru koji je stiskao šake, umalo da ih smrvi.

Milova žena mu je krišom upućivala prekore i šištala kroz zube:
— Zloća! Satana!

Ilko ju je primetio, ali ništa nije rekao. Samo je izvadio lulu iz usta, uperio ka njoj kao pištolj i ponovo vratio u usta. A kad je doktor Tatuli otišao, rekao je Milu:
— Nije valjda da ti je žena progutala zmijicu?
— Ne, oče, nije progutala... Samo joj je ušla u usta dok je spavala na gumnu i ponovo izišla...

— Možda — rekao je Ilko — ali vidim: otorov je još u njoj... još šišti jezikom...

Kad je Ilko izlazio iz kuće, zaključavao je vrata da mu ona ne ulazi u sobu. Sumnjao je da mu ne baci čini, da umre, jer prilikom svakog povratka sa brežuljka gde je držao nogu u toploj vodi, primećivao je da je njegova slika na zidu u sobi malo pomerena, a na očima uvek zaticao pepeo. Morao je uvek da duva, da je očisti.

Takođe je primećivao da je katanac na kovčežiću malo iskrivljen, po čemu je zaključivao da je pokušavala da ga otvori i da zaviri unutra, da vidi šta ima.

Ona, pak, čim bi videla Ilka kako zaključava vrata, brecnula bi se na njega:

— Ako već zaključavaš sobu, onda je sam i čisti...

A Ilko nije čekao da mu se dvaput kaže.

XIV

Pao je i prvi sneg, *prasnjak*, i počeše da se kolju prasci u selu; kvičali su prasci po dvorištima, širio se miris topljene masti i čvaraka; kučići su razvlačili škembiće i creva po sokacima i voćnjacima.

Milovog prasca klao je Dukle. Pomagala mu je Milova žena, a Kala se vrzmala oko vatre u dvorištu i čim bi Dukle izvadio nešto iz utrobe — džigericu, srce, bubreg, slezinu — ona bi to otela i odmah stavila na žar, da ispeče. Onako nestrpljiva i halapljiva, nije mogla da sačeka: jela je nedopečeno, skoro živo.

Mil je stajao na prozoru u svojoj laboratoriji kao nekakva ikona i buljio u dvorište, u prasca, ali nekako zamišljeno, odsutno.

Sa prozora druge sobe posmatrao je Ilko i nervozno grizao zubima sisak lule. Do malopre i on je bio dole i pomagao oko klanja i šurenja prasca, ali je pas neprekidno lajao na njega, i da bi se smirio, sklonio se malo u sobu.

— Proklet bio! — izderao se na njega Bogule. — Zašto laješ na dedu!?

— Nemoj da ga grdiš — rekla je majka — zna on zašto laje na njega... Psi to dobro znaju...

Kad su sredili prasca i ispekli meso svi su seli da jedu. Jeli su i ćutali. Čulo se samo žvakanje koje je s vremena na vreme prekidala Kala. Svaki put je gunđala:

— Prasac mi nekako mali izgleda... Mogao je biti veći...

— Mogao je... — rekla bi na to Milova žena kiselo.

Kala bi ponovo prekinula žvakanje i rekla:

— Prošle godine je bio veći...

— Jeste, bio je...

— I pretprošle...
— I pretprošle...
— Možda ste ga slabo hranili...
— Možda...
— Hoćete li praviti piktije od nožica?
— Ne.
— A od ušiju?
— Ne!
Kala se okrenula prema Dukletu:
— Pokupi ih pre polaska...
Kad su polazili, potražili su ih u dvorištu gde su ih ostavili ali nije ih bilo: pre toga Milova žena bacila ih je psu.
— E, vala, proklet bio! — vikala je Kala psu i celim putem ga klela.

Kala je nastavila da se deblja. Ništa od onoga što je radio Dukle da smrša nije pomagalo; Kala kao da se ponosila što je tako debela, što je bila retkost, izuzetak u selu; prilikom skidanja svakog kilograma, bojala se da ne krene naniže, pa da ne zna šta će sa kožom.

Nije pokazivala ni znake trudnoće. Dukle se sekirao i razmišljao šta da čini. Slušao je, neki su govorili: ,,Ne može da zatrudni zbog velike debljine: čim zametne istopi zametak." Neki su mu savetovali da pođe s njom u Jerusalim i da prenoće u Maslinovoj gori pored Očevog groba uoči Uskrsa kad Isus vaskrsava — da joj vaskrsne utorba. ,,Mnogi koji nisu imali decu tako su radili", govorili su.

Ilko mu je odbrusio:
— Mani se, zete, tih gluposti... Sve sam to ja video. Jeres to širi da bi oskrnavio Očev grob... Ljude koji čine to, sveštenici jure da ne ispogane Maslinovu goru...

Dukle, pak, gledajući kako Kala nastavlja da se deblja, jednog dana se toliko naljutio da je počeo da je leči na svoj način: zatvorio ju je u sobu i nije joj dao da sama uzima ništa za jelo, nego ju je on hranio po meri; davao joj je pomalo — tek da može da preživi. Kala je vikala, lupala u vrata, pokušavala da ih razvali, da iziđe, da se nažđere, ali Dukle je bio uporan i nije joj dozvoljavao.

Ponekad, da bi je umirio i oraspoložio, počinjao je na lep, a ponekad, kad bi mu prekipelo — na ružan način. Na lep: govorio joj je da to čini zbog nje, za njeno dobro, da može da se kreće lako, vižljasto, da može mirno da spava, lako da diše, da joj produži vek; molio ju je da smogne snagu da izdrži dijetu; ubeđivao ju je da su najteži prvi dani, da je kasnije sve lakše i lakše, da će joj sve to preći u naviku, u odmerenost, u red. Na ružan način: drao se na nju, psovao joj slabi karakter, halapljivost, zverčicu koja joj kola po stomaku i traži hranu; govorio joj da može da lupa koliko hoće, da može da viče — da grlo pocepa, ali da joj neće otvoriti, jer ne može više da je gleda takvu, ne može više da se muva s njom po banjama i lekarima i da je to što sada čini za nju poslednje.

Njegovom upornošću, Kala poče da mrša, da skida kilažu, da se topi. Koža poče da joj se smežurava, da joj se bora, debele naslage na nogama i rukama počeše da nestaju, podbradak da joj se smanjuje, trbuh da splašnjava. Kad je dostigla meru za koju je Dukle smatrao da je dobra, poče da joj daje normalno da jede, ali ona, začudo, nije mogla da jede, nego je nastavila da mršavi. Dukle ju je terao da jede koliko hoće, ali ona je izgubila apetit, razbolela se, pala u depresiju, nije mogla da ustane iz kreveta.

Počeo je sada Dukle silom da je hrani, da joj sprema najlepša jela, da je moli da jede, ali ona je okretala glavu od jela, nije mogla očima da ga vidi.

Saznao je za to njen otac i uznemiren i besan izdrao se na Dukleta:

— Tako se ne postupa ni sa životinjom...

— Ja to radim za njeno dobro — odbrusio mu je Dukle.

— Kakvo dobro?! Sve što se čini protiv volje onoga kome se čini, nije dobro... Otkad si ti lekar... Ako se ćerki nešto dogodi, ode ti na roblju...

Dukle se uplašio, pozvao je doktora i jedva spasao Kalin život.

— Svaki čovek je svoga tela gospodar... rekao je Ilko Dukletu. — Nemoj da maltretiraš moju ćerku... da mučiš i gnjaviš... Ako nisi voleo debelu ženu, trebalo ranije da misliš, kad si odlučivao da je uzmeš... U Čiagu je bila jedna anketa među ljudima koji su hteli da se ene: dali su im fotografije raznih žena da odaberu s kojom bi se najradije oženili. Po tome ko je kakvu izabrao, institutu za brak su utvrdili: da su lepi muškarci izabrali epe žene; ružni — ružne žene; debeli — debele žene; mršavi — mršave... Trebalo je i ti da uradiš tako.

Posle dugog lečenja, Kali se ponovo vratio apetit.

XV

Zima je izmenila uobičajeni tok vremena: nije se znalo ni kad se smrkava, ni kad svanjiva; ljudi su ujutro ustajali nenaspavani i izazili iz kuća, šetali po čardacima, kašljali, umivali se, cunjali po dvorištima, obilazili plevnje i uzimali hranu za stoku, vrzmali se po ulicama i sokacima, gledali u nebo — ali nikako da svane, nikako da zazori, da se pojavi svetlost. Petlovi su kukurikali, najavljivali osvit, ali uzalud: ili su oni grešili, ili je on kasnio.

S vremena na vreme odškrinulo bi se nebo na istoku, ali kao pospano oko, blesnula bi malo svetlost, ali mutna kao slepilo; ocrtale bi se kuće i drveće, ali samo u konturama, kao siluete, kao nešto veštačko, kao dekor. Kasnije, sinula bi svetlost kao oštrica noža, ali odmah potom došlo bi veče, počelo bi da se smrkava.

„Bože, kakva čudna zima", jadikovali su ljudi, „kao da je slepa... I nas će oslepeti; naviknućemo da živimo u tami, kao sove..."

Severac je duvao sve jače i dovlačio sve veću hladnoću.

Od hladnoće je poboljevalo mnogo ljudi. A umrli su i otac i majka Metodija Lečoskog — onog što je mnogo ličio na Mila. Umrli su u istom danu. Sve dok su slušali svoje disanje u krevetu, kuražili su se, hrabrili jedno drugo da izdrže, da ne ispuste dušu. Ali kad je starac prestao da diše i kad je ona to primetila — ispustila je i ona dušu. „Bog da im dušu prosti", rekoše ljudi, „sjedinjeni u životu — sjedinjeni i u smrti."

Zemlja se bila skamenila od leda, nije se mogao grob iskopati. Ostavili su ih u crkvi. Nedelju dana, sve dok nije led popustio, ležali su tako u kovčezima, kao uspavani, kao balsamovani. Za vreme pogreba ljudi su primetili da su im lica porumenela, kao da im se povratila krv, kao da su oživeli. Međutim, čim su ih dotakli, čim su malo bolje pogledali, primetili su da njihovo rumenilo potiče od crvenog odbleska prozora kroz koji je prodiralo sunce.

Od hladnoće ponovo se razboleo Ilko: ponovo ga je spopala ona ranija groznica: čas je drhtao od hladnoće, čas je goreo od temperature. Stalno je buncao i razgovarao sa mrtvima:

— Da dođem? Dobro, doći ću... A, ne, neću...

Njegova ćerka Kala stavljala mu je mokre krpe na čelo i zapitkivala ga:

— S kim to govoriš, oče?
— S tvojom majkom...
— Sa majkom?! — uzbudila se Kala. — Vidiš je?
— Da, vidim je...
— Šta radi?
— Zove me kod nje... Dali su joj lepu kuću... Evo, dala mi je ključ od kuće... — Otvorio je Ilko dlan i počeo da pokazuje ključ...

Kala se trgla i počela sa strahom da pilji u ključ.
— Bože... — izustila je i briznula u plač.

I Bogule je piljio u ključ; posmatrao ga je i razmišljao gde ga je ranije video. Ilko je ponovo zatvorio dlan i opet sakrio ključ.

U četvrtak došao je doktor Tatuli i dao mu neke lekove. Posle izvesnog vremena Ilko je od Boguleta zatražio ogledalo. Pogledao se u ogledalu i osmehnuo: „Još nisam zreo za umiranje..."

Bogule ga je upitao:
— Deda, jesi li video raj?
— Kakav raj... — rekao mu je Ilko. — Raj je bog izmislio da bi nas njime ucenjivao...
— Zašto ti je oprostio arhanđel Mihailo... što ti nije uzeo dušu... — rekla mu je Milova žena.

Ilko je uvukao vrat, naježio se i rekao:

— To se, snaho, neće dogoditi. On i ja smo stari prijatelji... Sprijateljili smo se onda kad sam sa jednom ženom na Kritu ležao ispod njegove ikone...

— Vrag te odneo... — brecnula se ona na njega i otišla da ga više ne čuje.

Na ostrvu Kritu Ilko se zatekao u prvom svetskom ratu. Brod kojim je iz Francuske putovao u Istambul zahvatila je jaka bura i oštetila ga, pa je morao da pristane na Kritu. Dok je čekao da se brod popravi, Ilko je dane provodio u šetnji po ostrvu. U selima su bile ostale samo žene: muževi su im bili na Solunskom frontu. Kod jedne kod koje je išao, valjali su se po krevetu ispod ikone arhanđela Mihaila, koji ih je blaženo posmatrao. Posle svakog ljubavnog susreta, žena se krstila, ljubila je ikonu arhanđela Mihaila — da joj oprosti — i srećna izlazila na čardak, kikotala se: ,,Hi-hi-hi, ho-ho-ho", kokodakala je kao kokoška. Čim bi je čuli, susedi bi rekli:

— Gle, opet kokodače... Opet je snela jaje...

Ona druga, kod koje je išao, bila je meleskinja: od oca Grka, od majke Arapkinje. Bila je lepa, stasita, sa licem bakarno-žute boje, sa velikim crnim očima, sa dugim obrvama; ličila je na faraonku; tako se i ponašala: čim bi sela u kolica da bi je gurala njena pratilja, jer je imala jednu drvenu nogu, zabacila bi glavu sa kosom skupljenom kao griva ždrebice i gordo gledala napred. Kad nije išla u šetnju kroz vrt, sedela je u kolicima kao na tronu, držeći u ruci štap ukrašen srebrom i svetlucavim kamičcima, kao žezlo, i terala Ilka da joj priča o svom životu: odakle je, kako se našao tu i kuda ide. Ilko joj je sve potanko pričao. Ona je, slušajući ga s pažnjom, coktala jezikom začuđeno:

— Cu! Cu!

I ovde je u sobi stajala ikona arhanđela Mihaila. Ali ona, čim bi legli u krevet, gasila je svetiljku: i zbog sveca, da ih ne gleda, i zbog Ilka — da joj ne gleda drvenu nogu.

Stalno je Ilku govorila:

— Zavolela sam te i ne mogu bez tebe...

Jednog dana predložila mu je da se uzmu, da se venčaju.

— Ne mogu — rekao je Ilko. — Imam ženu, decu... A uz to, ne mogu da se vežem za jedno mesto...
Ona je namrštila lice.
— Varvarin! — pisnula je i briznula u plač.
I kod treće kod koje je odlazio, Ilko je video ikonu arhanđela Mihaila. Bilo mu je čudno što svi imaju ikonu ovoga sveca, ali saznao je da je on zaštitnik sela, da svi slave njegovu slavu.

Kad je napustio ostrvo, i on je kupio jednu ikonicu arhanđela Mihaila za uspomenu, i u znak zahvalnosti.

Kad je narednog četvrtka došao doktor Tatuli, pregledao je Ilka i ponovo mu dao lekove protiv groznice.

Ilko je prezdravio, ali skoro cele zime nije izišao iz kuće. Često su mu se lice i raspoloženje, zbog reume, menjali, i to u zavisnosti od dana: lep dan — dobro raspoloženje; loš dan — loše raspoloženje.

Tih dana vodio je računa da se ne sretne sa Milovom ženom. Obično je sedeo zaključan u sobi i vezao goblen. Čim bi neko ušao kod njega, sakrivao je goblen.

Jednom je Boguleta majka upitala:
— Znaš li šta veze tvoj deda?
— Valjda boga...
— Boga? Kog boga?! Sigurno Isusa Hrista...
— Ne Isusa, nego boga... — govorio joj je Bogule...
— Ćuti sine, ne govori tako... Bog nema lik... Niko ne zna kako on izgleda... On je duh... — govorila mu je.
— Deda ima njegov lik... Pokazao mi je sliku koju drži u kovčežiću i rekao: „Ovo je bog..., a ovo đavo..."
— Ah, proklet bio... Nemoj ga slušati! — viknula je ona. I od tog dana stalno je nastojala da se domogne ključa da zaviri u kovčežić.

Često je ulazila u sobu da vidi da li je on tu i čim bi ga zatekla namrštila bi se i izletela napolje.

Posmatrajući njeno namrgođeno lice, Ilko je upitao Mila:

— Je l' sine, jesi li video ikada svoju ženu nasmejanu?
— Zašto oče?
— Čini mi se da sa njenim mišićima oko usta nešto nije u redu... Nikako da ih razvuče...
Mil je ćutao i posmatrao zbunjeno oca.

XVI

Tanetovoj se kravi, izgleda, nešto dogodilo čim je počela da riče stalno, prodorno, grozno. Muvali su se i on i njegova žena oko nje i nisu znali šta da učine; pretražili su joj kožu — stršljenovu žaoku nisu našli, pregledali su joj sve četiri noge — ni trna, ni bilo kakvu ranicu nisu našli; davali su joj vodu, nutkali je hranom, ali ona je samo rikala; pomuzli su je da joj olakšaju mleko u vimenu, izveli je iz štale, pustili da se šeta po dvorištu, po voćnjaku, ali ona nikako da se smiri: nije prestajala da riče. Ljut, Tane je počeo da je tuče da je bar tako umiri, ali nije pomagalo. Skupiše se ljudi i svako je nešto predlagao, ali ni to nije pomagalo: ona je i dalje treštala kao truba. Kad je Tane u besu uzeo nož da je zakolje, počeo je i magarac da riče. Rikao je i njakao kao pomahnitao. Za njim se oglasila i sva druga stoka u selu i Tane se sav izbezumio.

— Ovo nije na dobro... Nešto slute... — rekao je uplašeno.

Uznemirene kokoši počeše da preleću plotove, da kokodaču; iz rupa i pukotina izmileše svi mogući kukci i počeše da jurcaju uznemireno čas tamo, čas ovamo kao da ih neko juri, kao pred požarom.

Posle izvesnog vremena zemlja je zadrhtala, osetio se nov zemljotres. Opet je popucalo nekoliko kuća i plevnji, opet su poispadali mnogi prozori, a palo je i nekoliko dimnjaka. Ponovo je ljude obuzeo strah, te su čitav dan proveli napolju, stalo piljeći u *duvalo*, u dim, iščekujući šta će dalje biti.

Stručnjaci su opet došli, proveravali, ispitivali i rekli da nema znakova pogoršanja.

Strah je ljude terao da idu češće u crkvu i da se mole. Slušali su sveštenikove propovedi: „Svi smo u rukama Svevišnjeg; od njegove volje sve zavisi. Zato treba da ga poštujemo i slavimo, da ga volimo iskreno, od srca, a ne licemerno, iz straha..." Govorio im je on i o dogodovštini sa dvema ženama kad su prelazile reku Jordan: jedna se prekrstila i zamolila boga da joj pomogne, a druga nije rekla ništa; ona što se prekrstila, utopila se, a druga nije. „Kakva je ovo pravda?" pitao je boga arhanđel Mihailo: „onoj koja se pomolila i prekrstila nisi pomogao, a pomogao si onoj drugoj..." Bog mu je rekao: „ona što nije rekla ništa voli me od srca, a druga se samo sada pomolila — iz straha..."

Predsednik Fronta, Anađija, sačekivao je ljude na izlazu iz crkve, zapisivao ih i na partijskim sastancima kritikovao i tražio da se isključe iz Partije.

— Daj bože — govorili su ljudi — da ne izbije vulkan... U Partiju možemo opet da se vratimo, ali ako izbije vulkan — ode mast u propast... nikad više...

A deca, ona su, pak, gorela od neke želje, od neke radoznalosti, da vide kako će biti kad izbije vulkan, kad počne da izbacuje lavu... Ponekad, usred sela, igrali su se vulkana: pravili su kupaste gomile od gline i u njihov otvor na vrhu trpali slamu, papir, lišće, smolu, ter... Potom su ih palili. Takmičili su se čiji će vulkan bolje goreti, čiji će bacati veći plamen. Vrištali su od radosti.

— Sigurno ih nešto tera na to — govorili su ljudi. — Valjda nešto slute...

Tane, pak, obuzet besom, jurio je za njima sa krampom i rušio im vulkane. Deca su plakala i bacala se na njega kamenjem.

Odjednom je u selu izbila i neka zaraza.

— Samo nam je još to trebalo — gunđali su ljudi.

Doktor Tatuli je dolazio češće u selo, pregledao ljude i govorio im:

— Vama je taj vulkan popio mozak... I više ništa drugo što je sitnije od njega ne primećujete... Baš vas briga što su se pojavili bacili jeftike i besnila... što mogu da vas unište...

Od jeftike su umrla dvojica, od besnila jedan. Besnilo su doneli kučići i stigla je naredba da se potamane zaraženi i sumnjivi; danima su odjekivali pucnji; kučići su zavijali i cvileli od straha, jer su ih ubijali redom: i zaražene, i sumnjive, i zdrave. Svi koji su ih skrivali bili su kažnjeni.

Kad su šinteri ušli u dvorište slepe Donke, ona je svog psa bila sakrila u ostavu. Ali čim su pokucali na vrata, on se oglasio.

— Aman, braćo, nemojte ga ubiti — kumila ih je Donka. — On mi je jedino živo biće u kući... To mi je jedini glas koji čujem... Jedino sa njim razgovaram...

— Mora se... — Zahvatila je bolest...

— Bolest kako je došla, tako će otići, samo ja ću ostati sama... Ostavite mi ga...

— Ne može... Bolje da mi njih likvidiramo nego oni nas...

Odjeknuo je pucanj i Donka je kriknula kao da je nju metak pogodio. Začepila je uši jer nije htela da čuje cviljenje svoga psa.

Pseće groblje iznad sela stalno se proširivalo i raslo. Krečar Oruš nije mogao da namiri sve potrebe za krečom, jer su sve kučiće prilikom zakopavanja polivali tek ugašenim krečom.

Selo je ogluvelo. Nikakav lavež se nije čuo.

I upravo onda kad su se ljudi privikli na tu tišinu, u selu se opet pojavi neki pas. Saznalo se da je to pas Metodija Lečoskog, drvoseče. Skrivao ga je u planini. Oko vrata mu je visio deo otkinutog lanca. Čim su ga videli, ljudi su se uznemirili i odmah započeli hajku na njega: istrčavali su iz kuća sa vilama, sekirama, puškama, jurili ga, pucali za njim, ali kao da ga metak nije hteo; skakao je preko plota, preko jaruga, zavlačio se u šumarke i nestajao u gori.

S vremena na vreme pojavio bi se u selu i ponovo pokrenuo poteru za sobom. Ljudi su jurili, hvatali zaklon, zamahivali štapovima, boli vilama, pucali iz pušaka, ali njega je pratila neka luda sreća: izranjavljen i krvav odmaglio bi opet u goru. Cim bi zalečio rane, opet se vraćao nazad. I opet hajka za njim!

A pas je bio lep, prelep; rundav, sa belom dlakom koja mu je visila s nogu i trbuha kao u ovce; vrat mu je bio debeo i jak, telo krupno, glas snažan i promukao; čim bi zalajao, svi su znali da je to pas Metodija Lečoskog. Odjekivao je kao truba. Njegov glas je predvodio i izazivao sve druge kučiće da laju. I tad bi se čuo seoski pasji hor koji je on vodio. Borio se i sa kurjacima — sveg bi ga izranjavali i raskrvavili, ali je ipak pobeđivao. Zbog toga su ga svi u selu voleli. Ali sada su se ljudi izmenili: čim su ostali bez svojih kučića — i on je morao da nestane.

I potera za njim nije prestajala. Molio ih je Metodija Lečoski da ga ne ubiju, ali oni ga nisu slušali. Dugo su se mučili s njim dok ga nisu na kraju ubili. I tada kao da je svima laknulo, kao da su od sebe odagnali nešto što ih je dugo tištalo i mučilo.

Kasnije je iz grada stigla ekipa da izvakciniše zdrave kučiće. Ali u selu više nije bilo nijednog kučeta. Strah od besnila i jeftike je prošao i ljudi su opet mogli da se okrenu *duvalu*. Oni su to učinili: čim bi ujutro ustali odmah bi počeli da pilje u njega.

XVII

Tane se na kraju iselio. Pre nego što je to učinio, vršio je pritisak i na svog brata Oruša da se i on iseli, da to zajedno učine. Ali Oruš nije hteo ni da čuje. Čak je počeo da gradi i novu kuću. Onog dana kad je počeo da stavlja temelj, kad je prema običaju trebalo da zakolje žrtveno jagnje, otišao je Tane kod njega i oteo mu jagnje, pokušavajući da ga spreči da počne sa gradnjom. Ali Oruš je uspeo da mu ga preotme i da ga da majstorima da ga zakolju. Jedan od majstora ga je ščepao i odvukao prema temeljima, a jagnje, predosećajući opasnost, počelo je da bleji i da se napreže da pokida uzicu. Međutim, majstor ga je obujmio oko trbuha, podigao i odneo do temelja; kad je jagnje videlo nož koji je majstor isukao, počelo je još jače da se otima i još tužnije da bleji, da moli za spas; ali majstor ga je pritegao još jače i stegao mu njuškicu; sad je jagnje počelo pogledom da moli majstora da ga pusti, da ga oslobodi; ali majstor mu je zabacio glavu da mu zarije nož; kad je jagnje videlo da mu nema spasa, da majstor nema srca ni duše, pogledalo ga je sa prezirom, sa mržnjom i zažmurilo da ne vidi oštricu noža što mu je doticao kožu; najpre je osetilo hladnoću u grlu, kao da ga probada neki mosur, a zatim jak bol, gubljenje vazduha, daha, svesti; zadrhtalo je, zakoprcalo nogama; potom se umirilo, kao da je zaspalo. Iz grla mu je šikljala krv i prskala kamen temeljac. Majstor mu je odsekao glavu i ubacio u temelj. U usta mu je stavio srebrnu paru koju mu je dala Oruševa žena, za sreću i dugovečnost kuće. Potom je jagnje obesio, odrao i dao Orušu da ga ispeče.

Za sve to vreme Tane se vrzmao oko Oruša pokušavajući da ga nagovori da odustane, da se mane kuće.

— Što se zamajavaš?... — govorio mu je. — Hajde da bežimo na vreme, dok nas nije snašlo zlo...

Oruš je dizao flašu, pio rakiju, kružio po dvorištu oko iskopanih temelja i bio ljut kao zver u kavezu. Duvajući kroz nos, brecnuo se na Taneta koji je išao za njim:

— Ti radi šta hoćeš... Mene ostavi na miru... Ja sam odlučio da ostanem i tačka.

— Brate slatki, zar ćeš vulkanu graditi kuću... — ponavljao je Tane.

Oruš je naginjao flašu i kad je brat ponovo navalio da ga ubeđuje, prekinuo je posao a majstorima rekao da idu. Majstori su se zgledali začuđeno. Kad mu je žena nešto rekla, on se na nju izdrao.

Tane se odselio, a Oruš je dugo razmišljao šta da učini: da nastavi sa izgradnjom kuće ili da odustane. Posle dugog razmišljanja, ipak je odlučio da nastavi.

Sazidao je kuću donekle a od brata Taneta dobio pismo u kojem mu je pisao:

„Čuo sam, brate, da si nastavio sa gradnjom kuće... Daj, čoveče, osvesti se... Nemoj da bacaš pare... Okani se toga..."

Orušu je opet prekipelo. Zgrabio je flašu i napio se kao svinja. Puklo je nešto u njemu i opet je rekao majstorima da prestanu, da idu.

Prošlo je dva meseca, počeše kiše da liju, da spiraju i odranjaju ćerpič, zidove; njegova žena poče da ga moli da nastave i Oruš je pozvao opet majstore.

Kad su nameštali krov, stiglo je novo pismo njegovog brata Taneta. U njemu ništa novo:

„E, tebi, brate, ne ide pamet u glavu... Kao da te tera neko zlo, kao da te đavo goni da ti ode i kuća i glava..."

Oruš je opet pobesneo, naredio majstorima da prestanu i da siđu sa krova; uzeo je nekoliko paketića dinamita koje je koristio za vađenje kamena za krečanu i počeo da ih pali i ubacuje u kuću. Eksplozije su odjekivale, rušile zidove i mrvile ciglu. Potrčala je njegova žena, potrčali su i majstori, uhvatili ga, oteli mu paketiće dinamita i stali da ga mole, da ga umiruju da ne baca više, ali on kao podivljao, kao besan, naprezao se svom snagom da se otme iz njihovih ruku, škripao je zubima kao mahnit i vikao:

— Ako se još jednom javiš, brate, i tebe ću razneti...

Dugo ga nisu mogli umiriti.

U to vreme i dućandžija Cvetko je gradio, ali ne kuću, nego kamenu ogradu oko crkve. Crkva nije bila ograđena, pa se stoka šetala kroz groblje, uneređivala grobove, uništavala rastinje, cveće, drveće. Drvena ograda se bila raspala, bila je satrula. Cvetko i njegova žena su prionuli da svojim radom i vlastitim sredstvima podignu kamenu ogradu oko crkve i groblja. Želeli su da to bude njihov dar crkvi — da im sv. Bogorodica pomogne da im se sin vrati živ i zdrav.

Doneli su kamen i pesak, napravili krečanu, ugasili sami kreč i počeli da dižu ogradu svojim rukama. Cvetkovica je pravila malter i nosila, a Cvetko zidao. Zidali su je sa prekidima. Na to su uticali loše vreme, kiše, sneg ili bolest — kad bi se jedno od njih ili oboje razboleli. Ali brzo su se oporavljali. Bogorodica im je davala snagu da ostvare ono što su naumili i opet su nastavljali: od jutra do mraka. U početku ih je hvatao strah od dužine i veličine ograde, od ogromnog materijala koji je trebalo ugraditi u nju, ali su hrabrili jedno drugo i nastavljali polako, strpljivo. Druge ljude nisu zvali u pomoć: hteli su da njihov dar bude delo samo njihovih ruku — da bi žrtva Bogorodici bila veća, da bi im i ona uzvratila istom ljubavlju: da im dovede sina živog i zdravog.

Gradili su je više od godinu dana: kamen po kamen, metar po metar. Seljaci su se skupljali i posmatrali: neki su hvalili dobro delo, a drugi su gunđali: „Niko ne zna šta će biti sa selom, a oni grade ogradu... Ako nas ne bude, šta će nam groblje i mrtvi..."

Cvetku i njegovoj ženi ruke su ispucale i malaksale, lica su im se naborala i istopila, leđa pogrbila, ali su do kraja izdržali — sazidali su ogradu. Došao je i svečani trenutak. Skupilo se celo selo. Pred ulaznom kapijom na ogradi, pop je najpre otpevao molitvu, začeketao kadionicom pred ulazom i razneo miris tamjana, prošao prvi kroz vrata a potom pozvao da za njim uđu Cvetko i Cvetkovica. Čim su oni ušli, ušao je i sav narod. Zvonar nije prestajao da zvoni.

Ušli su u crkvu i pop je u knjigu upisao ko je sagradio ogradu i koje godine i održao blagorodno slovo o Cvetku i njegovoj ženi, moleći boga da im dâ što im srce želi i da im vrati sina živa i zdrava.

Dok je pop pevao molitvu o dobrom delu koje su učinili Cvetko i njegova žena, neki su se ljudi šetali po dvorištu, vrzmali se oko ograde, zagledali je sa svih strana i tu i tamo nalazili neke male nedostatke — te im nije bila ozidana kako valja, te je mogla bolja da bude... U stvari, muvali su se oko ograde da joj nađu mane.

XVIII

Severac i *jugo* ponovo su počeli da se tuku iznad sela; ljudi, napaćeni i siti njihovih hirova, iza kojih je ostajala prava pustoš, ježili su se i proklinjali ih. Tukli su se nekoliko dana i iščezli. Za sobom su ostavili nekoliko polomljenih voćaka, nekoliko otkrivenih plevnji, razbacane slamne krovove...

Kad je video da su oni nestali, javio se *istočnjak*. Njegovim dolaskom zemlja je počela da se isparava, da širi miris tamjana i neki slatki ukus; pupoljci na drveću su se otvorili, pustili krilašca kao insekti — čunilo se da će poleteti; rojili su se u raznim bojama i šarenilom kitili selo; nebo se podiglo najviše što je moglo; sunce je blesnulo čisto, biljurno.

Ljudi, koliko su se teško privikavali na zimu kad su duge noći morali da provode u ležanju, u dosadi, kad su im se kratki dani pojavljivali i nestajali kao svici — toliko su se sada teško privikavali na proleće; navikli da dugo spavaju, sada, pošto bi ustali, ljutili su se što je davno pre njihovog ustajanja već svanulo, što je sunce granulo, a oni se još nisu latili posla, što nisu otišli u njive, u planinu, što nisu oterali stoku na pašu.

Lepo vreme je izmamilo i Ilka, da iziđe iz sobe, da sedi na čardaku i veze goblen. Oslanjajući se leđima o zid i upijajući sunčeve zrake, činilo mu se kao da je izišao iz podzemlja. Žmirkao je očima, spuštao obrve i branio se od sunca koje je obilno rasipalo svoju svetlost da bi podarilo sve što je dotle uskraćivalo.

Pošto je ugrejao lice i spustio lulu, okrenuo se leđima prema jarkim zracima, jer su mu se od njih mešale boje konaca i, žmureći, izvesno vreme, da bi mogao bolje da razaznaje boje, nastavio da veze. Šiljio je vrh konca i ubadao njim kao sabljom da bi ga udenuo u iglu. Posle nekoliko pokušaja udenuo ga je bez naočara. Na goblenu su nastavljali da se šire, da se povećavaju ubodi, krstići koji treba da oblikuju sliku.

Lepo vreme izvuklo je i Mila iz laboratorije. Ostavio je svoj tefter *veritas*[1] u kojem je upisivao sva svoja razmišljanja i otkrića. Otvorio je prozor i zastao u njemu da se nadiše čistog vazduha izmešanog sa mirisom procvale jabuke u dvorištu. Uši su mu se ispunile zujem pčela koje su se uvlačile iz cveta u cvet, kao da ih istražuju. Pružio je ruku ka jednoj cvetnoj grančici koja je doticala prozor; polomio je; pre no što je pomirisao, primetio je jednu pčelu zagnjurenu u cvet; stavio je grančicu na prozor i stao da posmatra pčelu; ona je bila toliko zaneta cvetom da nije uopšte osetila da je graničica otkinuta sa drveta i da se nalazi u njegovim rukama; čak i kad ju je dotakao slamčicom, ona nije odletela; cvet joj je bio rudnik u kojem je dubila: kad je posisala sav sok, kad ga je ispraznila, izletela je i počela da kruži po laboratoriji, da zuji i da udara na sve strane. Iz straha što se našla u zatvorenom prostoru, umesto da izleti kroz otvoreni prozor pored Mila, ona je udarila u drugi, zatvoreni prozor i od udarca se ošamutila i pala u ram; Mil joj je prišao i video kako se koprca nogama, prevrnuta na leđa. Uzeo je slamku i pomogao joj da se okrene, da stane na noge, ali ona je opet padala na leđa: nije imala ni snage, ni stabilnosti. Gledajući je onako bespomoćnu, pomišljajući da je on kriv za ono što joj se dogodilo, za njenu smrt, Mil se rastužio. Razmišljao je: šta joj je trebalo da udari u zatvoreni prozor? Zašto nije izletela kroz otvoreni? Ili ju je smrt vukla?!

Neraspoložen zbog toga, zatvorio je prozor da ne uđe još neka pčela; seo je i nastavio sa pisanjem. Ali s vremena na vreme dizao je glavu i osluškivao: činilo mu se da je pčela oživela i da zuji u laboratoriji. To mu se samo učinilo.

---
[1] *Istina.*

Ilko je ostavio goblen i ušao u laboratoriju. Mil je sedeo za stolom, zamišljen.
— Kako ide posao, sine... Dokle si stigao sa poduhvatom? — upitao ga je.
Mil kao da se trgao iz sna, rekao je:
— Tako...
— Ne razumem se mnogo u nauku — rekao je Ilko — ali koliko mogu da vidim, baviš se nekim teškim problemom... Vidim te kako se mučiš i razmišljaš: kako može čovek da stvori *ono* od *čega* je on stvoren... Kako može sin da rodi svoju majku...
Mil se samo osmehnuo. A kad je Ilko izišao, počeo je da se smeje grohotom.
Iznenada su se oglasila crkvena zvona.
Vladika je ponovo došao u selo. Skupio se narod da ga dočeka, ali on se opet uputio prema Cvetku dućandžiji da mu odnese dobru vest o sinu, jer ga je ponovo sanjao...
Cvetko i Cvetkovica su ga sačekali ispred kuće, zavijeni u crno. I pre nego što je on išta izustio, rekli su mu:
— Uzalud je sve što ćeš nam reći, vladiko... Saznali smo da nam je sin umro u logoru Dahau.
Vladika je zanemeo.

XIX

Kako se bližio kraj školske godine kojom je trebalo da Bogule završi školu, Mil ga je sve više zadržavao pored sebe u laboratoriji, ne dajući mu da se šeta mnogo sa drugovima, da dangubi. Davao mu je da radi neke stvari u laboratoriji, pokušavao da ga postupno uputi u nauku, objašnjavajući mu sve ono što bi mu bilo dostupno i razumljivo, da bi na taj način potpaljivao njegovu fantaziju i želju za naukom.

Jedva je čekao dan kad će Boguleta poslati u grad da nastavi školovanje, da mu dâ što veće obrazovanje, da što više nauči. Ono što nije on postigao, hteo je da postigne Bogule. A Mil, zaista, u svoje vreme, imao je veliku želju da uči. Ali pošto je završio hemijsku školu i dve godine biohemije na fakultetu i pošto njegova majka nije imala mogućnosti da ga dalje školuje a ni želju da ostane sama kod kuće, on je prekinuo studije. ,,Šteta", govorili su mu profesori, ,,ako ne nastaviš", jer je Mil bio jedan od najboljih učenika: praktične vežbe raznih analiza i sinteza u laboratoriji učio je i obavljao s najvećom ljubavlju. Često je i izvan nastavnih vežbi provodio vreme u laboratoriji i na taj način proširivao i dopunjavao svoja znanja.

Zaposlio se u Veterinarskoj stanici u gradu; ujutro je odlazio na posao, uveče se vraćao, ali je sve to činio bez volje, nije osećao nikakvo zadovoljstvo od rada sa stokom. Tadašnji seoski učitelj, koji se, takođe, samouko, bavio naukom, video je da je Mil bistar, radoznao i nadaren, zavoleo ga je i često pozivao u svoju školsku laboratoriju da mu pomaže.

Učitelj se bavio izučavanjem biljnog sveta: skupljao je sa učenicima razno rastinje po okolnim mestima i proučavao ga. Oko škole bio je podigao prekrasan vrt od raznih vrsta biljaka.

Najzanimljivije je bilo kad je vrt obogatio retkim biljkama mesožderima koje je nabavio u Africi. Seljaci su se stalno skupljali i čudili načinu na koji su se hranile. *Karnavara* je puštala crvene cvetiće kojima je privlačila insekte: čim bi sleteli na latice, zatvarala je cvetiće i upijala ih u sebe, usisavala ih; *suvozemna Utrikularija* savijala je lišće u obliku trube, u obliku usta, i čim bi neki insekat ušao unutra — zatvarala ga je kao stupica i usisavala ga svojim sitnim dlačicama; *vodena Utrikularija* je ispuštala neki lepljivi mehur na kojem su se insekti lepili kao na smolu i ostajali zarobljeni. Biljke mesožderi privlačile su i crve i gliste, i pužiće i punoglavce, čak i guštere... Najhalapljivija, najproždrljivija bila je *Pinguikula,* koja je svakog dana razvijala po jedan novi list; da bi je nahranio, učitelj je u njene uvijene listove ubacivao svakojaku hranu, svakojake otpatke; lišće joj je stalno zijalo kao pileći kljunovi koji čekaju da budu nahranjeni.

Kad su posmatrali ove biljke, ljudi su govorili: „Bože, svet se preokrenuo: došlo je vreme da se ne zna ko koga jede: da li životinje biljke, ili biljke životinje..."

Učitelj je skupljao i cvetni prah — polen biljaka i proučavao ga. Pored mnogih svojstava — izobilje vitamina, hormona, proteina, azota, ugljenih hidrata, belančevina, masti i mineralnih materija sa oko trideset elemenata — on je utvrdio da polen ima moć da štiti i od otrova. To je utvrdio na ovaj način: osušio je najotrovniju gljivu *Panterku,* samleo je i njen prah pomešao sa šećerom i tu smešu dao pčelama. Sve su pčele uginulue. Drugim pčelama, pak, taj isti prah pomešao je sa polenom. Ni jednoj od njih nije ništa falilo.

Posmatrajući polen kroz mikroskop, proračunao je da u jednom jabukovom cvetu ima oko sto hiljada polenovih zrnaca; u jednom cvetu božura, oko tri miliona; u leskovoj resi oko četiri, u brezovoj šest, a u brestovim i kestenovim resama po nekoliko milijardi polenovih zrnaca. U vrtovima i šumama ostaju neiskorišćene tone polenovih zrnaca. Govorio je: „kakvo bogatstvo propada, kakav lek!"

Držao je i pčele i sa njima ekspetimentisao. Jedne je godine nabavio matice čuvene saharske pčele *Apus milifera*. Hteo je da ih razmnoži jer one daju mnogo više meda od običnih pčela. Jedina mana im je to što mnogo ujedaju i što je njihov otrov mnogo opasniji: izaziva velike bolove, čak i smrt. Tu njihovu manu pokušavao je da ublaži ukrštajući ih sa običnim pčelama — da bi dobio novu vrstu pčela koja će davati mnogo više meda, a manje ujedati.

Uradio je i to, ali sa samim rojenjem pčela razneo se vrisak kroz selo: pohrliše one na ljude, na stoku, na sve živo; stoka je bežala, ljudi su se zatvarali po kućama i zatvarali vrata i prozore, začepljivali rupe i pukotine da neka ne uđe unutra; onima koje su ujele oticalo je lice, telo, glava; vrištali su od bola. U selu su zavladali panika i strah. Učitelju su naredili da ih uništi, ali on nije hteo; govorio im je da se strpe malo, da sačekaju, da vidi hoće li se smiriti. Ali one ne samo da se nisu smirivale nego su još više zujale oko kuća i napadale, napadale. Ljudi su se branili krpama, maramama, kapama, svim onim što im je dolazilo do ruku. Palili su slamu, balegu, obojke, kozinu, papriku — ništa nije pomagalo. Ponovo su zapretili učitelju i tražili da ih uništi, ali on nije hteo.

Kad je posle dugog vremena preboleo pčele, počeo je da eksperimentiše sa biljkama: na posebnom zemljištu koje je stalno obogaćivao solju zasadio je razno voće — da bi dobio voćku koja će umesto slatkih rađati slane plodove. Eksperiment mu nije uspevao: voćke su se sušile ili su davale isti — sladak plod. Ali on nije gubio nadu. Od nekoliko vrsta planinskog gloga jedan mu je uspeo: umesto slatkih plodova rod je bio slan. On je bio presrećan.

Onda je počeo da razmnožava glog: semenom, kalemljenjem pupoljka i grančicom na drugi glog — ali nije uspeo da stvori nove potomke. Glogovi su donosili svoj slatki plod.

Nadao se da će uspeti, ali starost i bolest su ga sprečili. Budući da nije imao nikoga, laboratoriju je ostavio Milu.

Upravo je on razvio Milovu ljubav prema nauci. Mil je čitao učiteljeve knjige, podvlačio je i prepisivao one misli koje su mu se sviđale:

„Nauka počiva na idejama."

„Pretpostavke su u nauci nužne, kao što je nužna skela da se izgradi kuća."

„Velike ideje rađaju velika dela."

„Sve je na svetu nasledno — samo se nauka stiče."

„Ne treba smatrati da je išta nemoguće. U svoje vreme sve će postati — moguće."

„I obični ljudi danas znaju stvari za koje bi Arhimed žrtvovao život."

„Svaka teorija treba da bude hrabra da bi otkrivala."

„Kopernika su smatrali za nedarovitog, a postao je genije."

„Oni koji razmišljaju, drukčije vide svet od onih koji ne razmišljaju."

„Ideje treba stalno da budu u pokretu da bi se oplodile kao oblaci pred kišu."

„Nema većeg zadovoljstva od onog — ako si sam, svojim rasuđivanjem nešto spoznao."

„Velika otkrića počivaju na malim idejama."

„Ništa u nauci nije nerešivo. U pitanju su samo teškoće: manje ili veće."

„Do granice mogućeg svi podjednako razmišljamo. Iza nje — svako na svoj način."

Čitajući knjige, Milu se sve više raspaljivala fantazija, rojile su mu se ideje, želje da stvara, da otkriva.

Preneo je laboratoriju kod sebe i opremio je mnogim novim stvarima.

XX

Istočnjak je celog proleća duvao promenljivo: čas jače, čas slabije, te s jedne, te s druge strane. Ponekad se ljudima činilo kao da je zelen; piljili su u njega da vide odakle mu dolazi boja: od trave i zelenih krošnji drveća ili je on tako obojen stizao; nekad im je izgledao taman, crn, naročito kad je dolazio sa brežuljka prolazeći preko *duvala*. Tad je unosio nemir i nespokojstvo u ljude. Ponekad, prolazeći kroz dvorišta gde su ljudi izbacivali stajnjak, dobijao je miris kamfora, špiritusa i štipao je oči i nozdrve. Dok se pekla komina u selu, on se osećao na rakiju i nesigurno se zanosio čas ovamo, čas onamo.

Ali čim je stigao juni i počelo leto, i on je utihnuo, umirio se, ili je uzeo put podnogu: nije bilo ni njegove boje, ni njegovog mirisa. Sad je dim iz *duvala* kao kroz kakav fabrički dimnjak kuljao uvis praveći crni stub, razlivajući se gore na nebu i gubeći se kao mastilo u vodi.

Došao je kraj školske godine i Bogule je završio školovanje sa vrlo dobrim uspehom, iako je učitelj, i ove godine, kao i ranijih godina, bio u dilemi kakav uspeh da mu da, jer je Bogule u toku godine pokazivao neujednačeno znanje: nekad je lekcije znao napamet (to je bilo onih dana kad je njegovo ustajanje noću njegov otac koristio da mu čita školske lekcije), a ponekad usta nije otvarao, stajao je kao ukopan, zamišljen, nem, pospan. Učitelj se u tim trenucima ljutio, smatrao da Bogule ne želi da uči. Ali imajući u vidu ono što bi Bogule tokom godine s vremena na vreme pokazao — određivao mu je opštu ocenu: vrlo dobar.

Bogule, iako je po krakteru bio sličan ocu, začudo, nije imao želju da uči.

Možda je na njega uticalo to što nije hteo da se odvoji od kuće, od oca i majke, što se pribojavao nove sredine. Od onog dana kad mu je otac rekao da mora da nastavi školovanje, stalno se lomio u sebi: s jedne strane nije mu se išlo, a s druge, nije hteo da pokvari očevu želju. Leto je proveo u tom mučnom neraspoloženju, u toj zabrinutosti. Ponovo je dugo spavao, tražeći u snu zaklon, bežeći od istine.

Stigla je jesen i dan kad je morao da otputuje za Skoplje gde ga je Mil upisao i obezbedio mu mesto u internatu. Ujutro ga je Mil probudio ranije, da sačekaju na putu autobus koji je polazio iz prijezerskog grada. Pozdravio se sa majkom i počeo da plače; zaplakala je i ona. Majka ga je kroz suze podučavala, savetovala kako da se čuva, kako da pazi na zdravlje. Govorila mu je sa bolom u duši, ridajući, kao da se razdvajala zauvek, za vjeki vjekov. To je Boguleta još više rastuživalo. Dolazilo mu je da baci torbu, da ne ide, da pobegne napolje, ali gledajući oca kako ga čeka na vratima, obrisao je suze dlanom i pozdravio se sa dedom. On mu je stisnuo ruku, protresao je onako muški i rekao:

— Ne plači, čedo. . . Jednog dana ćeš shvatiti da si svoj čovek. . .

Bogule je kroz selo išao suznih očiju. Zora je na nebu pucala i osvetljavala selo, ali je njemu izgledala nekako drukčija: činila mu se tužna, nevesela; i sunce koje se pomolilo izgledalo mu je drukčije: bilo je krvavo, mrežasto kao i njegove suzne oči; i ptice koje su se budile, kao da su ga razumele: pevale su nekako drukčije: tužno, stegnutim grlom; čak i ljudi koji su ih pozdravljali uz put, činili su to tužnim glasom.

Kad je stigao autobus, Bogule je uzdrhtao: uhvatio je očevu ruku i čvrsto je stegnuo. Nije mu je pustio ni kad su ušli u autobus. Izvesno vreme je zurio kroz prozor a onda, ili mu se pogled umorio, ili je osetio strah od nepoznatih predela kroz koje je prolazio autobus; počeo je da sklapa kapke, da dremucka. I zaspao je, uranjajući u neki mučan san: kao autobus prolazi kroz selo, a sela nema; izbio je vulkan i sravnio ga je sa zemljom; vide se samo ruševine; tu i tamo vide se ugljenisani ljudi, ostali u onom položaju u kojem su se zatekli kad je izbijao vulkan: jedni leže u postelji, drugi sede, treći razbacani po dvorištima i sokacima onako kako su bežali; stoka takođe: ugljenisana; ugljenisano i drveće. Briše Bogule staklo na prozoru da bolje vidi i drhti od straha. Ali strah mu popušta kad je šofer zaustavio autobus i kad ih je na vratima sačekao neki vodič i rekao im: ,,Dobro došli u Pompeju..." I sve je iz autobusa poveo da je posete. Šetaju oni kroz ruševine, a vodič im pokazuje i objašnjava: ,,Ovo je glavni trg — Forum, ovo su kipovi Jupitera, Junone i Minerve; tu su ostaci Apolovog hrama, tu je pijaca, gradsko kupatilo, a ovde pored same obale reke, pozorišta i veliki amfiteatar koji je mogao da primi dvadeset pet hiljada gledalaca, da posmatraju borbe gladijatora; na ovoj strani bilo je lepih kuća i vila među kojima se najviše isticla ona Ciceronova; duž ove ulice bile su krčme u kojima se pilo i veselilo..." I odjednom je vodič podigao ruku, skrećući im pažnju kao da diže mač: ,,I u tom lepom i bezbrižnom životu, neko od ljudi u krčmi je povikao: 'Ljudi, pogledajte...' I svi su se okrenuli ka planini... Iznad nje dizao se veliki crni oblak koji je sve više rastao. Zajedno sa oblakom počelo je da izleće neko kamenje i kao kiša da udara po krovovima kuća. Ljudi su u panici ispraznili ulice i napunili kuće, sakrili se. Usred bela dana nastao je mrak. Vezuv je urlikao kao zver, tutnjao je. Ubrzo je na grad počeo da pada vrući pepeo. One koje je zatekao napolju zatrpao je, ugljenisao. Malo je njih uspelo da stigne na obalu mora i da pobegne čamcima. Oni su bili jedini svedoci onoga što se dogodilo.

Mnogi ljudi ostali su skriveni u svojim domovima nadajući se da će zlo proći, da će vulkan stati. Ali erupcija je postala jača i, pored lave i pepela, počela da izbacuje i smrtonosni ugljen-dioksid. Ljudi su počeli da se guše, da se truju. Nemajući kud, molili su bogove da zaustave erupciju. Ali ona je naredng dana nastavila još žešće. Kiša od kamenja i pepela, nošena vetrom, stigla je do Rima, pa čak i do obala Egipta. I njih nekoliko koji su se nadali pomoći bogova, skončalo je u usijanom pepelu. I više nije značilo ništa koliko će trajati erupcija: hoće li prestati za nekoliko dana ili će trajati večito — u gradu je sve bilo mrtvo..."

Vidi Bogule da sve ono što govori vodič kao da je njemu odnekud poznato, kao da je slušao od oca, od dede ili u školi.

Razgledajući ruševine, Bogule je odjednom primetio svog oca i majku kako leže mrtvi u njima. Počeo je da drhti, srce mu je prestalo da kuca kad je video da to nije Pompeja — nego njegovo selo. Evo: to je njihovo dvorište, to je njihova srušena kuća. Skočio je, probudio se i počeo uplašeno i zbunjeno da zuri u oca koji ga je umirivao i brisao mu znoj sa čela; počeo je da zuri u autobus, u pod koji je poskakivao, u ljude koji su ćutali zamišljeno ili su dremali, u potiljak šofera koji je dimio cigaretom, u prašinu koja je ulazila kroz rupe, čim autobus malo ubrza; gledao je ponovo kroz prozor i još ga je zbunjenost držala. Oznojenom rukom još više je stezao očevu. Stezao ju je i nije ga puštao ni kad su stigli u Skoplje, ni kad su prolazili ulicama, ni kad su došli u internat; držao je očevu ruku i u kancelariji upravnika internata gde ga je otac uveo da ga prijavi. Pustio ga je kad je morao: kad ga je upravnik poveo da mu pokaže spavaonicu i da ga zaduži posteljinom. Rastao se od oca plačući. I ocu su navirale suze. Upravnik je rekao Milu:

— Nemojte da brinete... Naviknuće...

— Znam — rekao je Mil — ali molim vas da obratite malo više pažnje na njega... Ponekad se događa da ustane noću i da šeta u snu...

Upravnik je zinuo, ukočio se.

XXI

Pre nego što je pao u postelju, Ilko je šetao po selu, obilazio je okolna mesta, odmarao se pomalo u šumarcima, livadama, gradinama, padinama na brežuljku, pored reke, izvora, česama, obuhvatao ih je širokim pogledom, upijao u sebe, dodirivao ih rukama — kao da se opraštao od njih zauvek.

Njegova bolest se činila lakom, izgledalo je da će proći kao ranije, ali tog dana kad mu je Mil doneo čaj u sobu, rekao mu je:

— Ne treba više, sine... Ja već idem...
— A gde to ideš?
— Tamo odakle nema povratka...
— Zar nas ostavljaš, oče?
— Od smrti se ne beži, sine. Samo te molim, pre nego što me sahranite, proverite da li sam potpuno mrtav. Možete slobodno da me bocnete iglom... Bolje je da se uverite...
— Šta to govoriš, oče?
— To... Imao sam priliku da vidim kako još žive sahranjuju... Kad sam radio kao grobar u Finskoj, policija je donela nekog beskućnika da ga sahranimo. Našli su ga pregaženog na ulici. Bio je krupan, duži od dva metra i nije mogao da stane u sanduk. Počeli smo da mu lomimo noge da ga uguramo u sanduk i tog trena se čovek povratio od šoka, oživeo je. Kasnije se saznalo da je pri udaru dobio potres mozga, usled čega su prestale da mu funkcionišu životne funkcije i što je bio razlog da konstatuju smrt. Jednom sam bio u prilici, prilikom kopanja jednog groba, da vidim leš čoveka koji je okrenut naopako, potrbuške: posle sahrane je bio oživeo i skončao u

7 Strepnja

najvećim mukama. Zato lepo da proverite, molim te. I nemoj da dozvoliš da tvoja žena pravi gluposti na grobu: da me poliva vrućom vodom da ne postanem vampir. Do sada to niko nije postao...

— Kud tako žuriš? Zašto gubiš nadu? Pozvaćemo doktora...

— Ne treba, sine, već mi je dosta... Proživeo sam kako sam hteo... Pružio sam dušici sve što je htela, jer sam znao da je samo gošća u meni — da će me jednog dana napustiti...

Milu su se oči ispunile suzama, a Ilko je nastavio:

— Bogatstvo nisam stekao da vam ga ostavim; ostavljam vam nekoliko saveta: vidim sinko da si se previše uneo u eksperiment... Želim ti da uspeš. Ali opet ću ti reći da proveriš svoju snagu, svoje mogućnosti... Jer je mudrac iz Kalkute govorio: priroda će se uvek ista ponavljati a čovek će sve nesrećniji i nesrećniji bivati, jer će ga duh i um vući sve dalje, a njegova snaga neće moći da ih sledi...

Pozvao je Milovu ženu i rekao joj:

— Od sada, snaho, neću ti biti na teretu... Spasavam te... Ali bićeš i na šteti: nećeš imati na koga da pražniš svoj otrov... Da bi se oslobodila njega, moraćeš da nađeš *adamovo drvce* i da grizeš njega kao što je to činila zmija kad je ostala sama, pošto su Evu i Adama prognali iz raja.

Boguletu, koga su pozvali telegramom, rekao je:

— Ti, čedo, nađi sebi devojku i druži se s njom... To će ti pomoći da ne ustaješ noću... I tvoj je deda tako ustajao, dok se nije oženio... Ali badava, kasnije je izvršio samoubistvo... A kad budeš birao devojku sa kojom ćeš živeti, nemoj da se povodiš za njenim izgledom... Skini pogled sa njenog tela, slušaj joj glas: slušaj šta govori... Prema govoru spoznaćeš kakva je, ući ćeš joj u dušu... Slepi najbolje mogu da ocene ko je kakav, jer ga po govoru mere... I vodi računa, ona koju ćeš zavoleti, da zavoli i ona tebe; da nađeš ključ od njene brave; jer svaki ključ ne otvara svaku bravu: po tome se razlikuju ljudske duše: svaka ima svoj ključ... Eto, tako, čedo... Sada, hajd' zbogom...

Bogule je plakao. Nije znao šta da mu kaže. Posle dugog vremena, šapnuo mu je:

— Deda, jednom si rekao da si otišao u svet da bi ga upoznao, da bi znao kad budeš umirao: za *šta* da ga poljubiš, a za *šta* da ga pljuneš...

— Da, čedo, mnogo sam video... Naučio sam i spoznao mnoge stvari... Ljubim ga zbog toga što je prekrasan, neponovljiv, pun lepote, blagodeti... A pljujem ga zbog toga što je nepravičan: ne daje svima podjednako: nekom je majka, a nekom maćeha... Ali mudrac je govorio: gde god žive ljudi, ne može biti idealno... Idealni odnosi postoje samo među planetama u vasioni — svaka ide svojom putanjom i nijedna se s drugom ne dotiče...

Ćerki Kali i zetu Dukletu je rekao:

— Nemojte da očajavate što nemate dete. Ja sam imao prilike da vidim da ih neki dobijaju i u dubokoj starosti. A vi niste stari. U Bibliji piše da se Avramu i Sari rodilo dete u devedeset devetoj godini...

Kala je šmrknula nosom, a oči su joj se zasuzile:

— Što nisi još malo poživeo oče... da budeš sa nama... Celog života si bio daleko od nas...

— Ptica, kćeri, brine o pilićima dok su u gnezdu, dok ne ojačaju...

— Kaži kako da ti pomognemo, oče... Šta te muči? Pa zar nisi reumu izlečio, zar nije prošla...

— Eh — otkinulo se Ilku. — Sat unutra je dotrajao... — uhvatio se za grudi.

Mil je ipak pozvao doktora Tatulija. Doktor je uzeo slušalice i počeo da ga pregleda. Ilko mu je rekao:

— Što su te mučili, doktore... Nije trebalo... Znam da mi je došao kraj. Bolje je da odem dok mi telo nije postalo ruševina, lešina... I ljudi oko mene, a i ja da ponesem lep utisak, lepu predstavu o sebi. Da ne dođem u situaciju da ne mogu da ustanem, da ne mogu da vršim najosnovnije potrebe, od čoveka da postanem — hajvan. I najzad, zašto da se naprežem da ostanem u živo-

tu po svaku cenu? Zbog toga što treba da poživim još malo? Dosta mi je: prevalio sam preko glave dvadeset pet hiljada dana, pa zar sada treba da se mučim i kumim za još nekoliko i to jadnih? Ne, ne, doktore, dosta je...
Doktor ga je posmatrao začuđeno.
— Otkud ta malodušnost? Zašto se tako brzo predaješ? Svaki dan...
— Znam, doktore, da je svaki dan veliki i skupocen, naročito kad treba da se ode sa ovog sveta, ali provodeći život u neizvesnosti — svi su mi dani bili kao poslednji... Navikao sam već, svejedno mi je... I zato nemoj da me mučiš, doktore... Odlučio sam da idem... Ne da nisam zadovoljan životom, pa žurim... Zadovoljan sam... Čak i srećan, jer i ja sam mogao da ne dođem na ovaj svet, kao mnogi pre mene, koje je majka pobacila... I nije im se pružila prilika da vide ovaj svet.
Doktor je premeštao slušalice iz ruke u ruku i hteo ponovo da mu ih stavi.
— Skloni slušalice, doktore... — rekao mu je Ilko.
— Moram da učinim sve... To mi je dužnost... — rekao je doktor.
— Ne vredi doktore... odlučio sam da idem... iako znam da tamo gde idem nema ništa... Iako znam da duša nije ptica što će se preseliti da živi u nekom drugom predelu...
— *Mama mia!* — gledao ga je začuđeno doktor. Potražio je rakiju da se okrepi. Doneli su mu.
Ilko, oslonjen o debeli jastuk, nastavio je da govori:
— Ranije, doktore, dok sam bio mlad, mnogo sam razmišljao o smrti, mnogo sam je se bojao. Mislio sam da mi ide za petama, i da samo vreba trenutak da me zgrabi. ,,Ne misli na nju," rekao mi je jednom mudrac iz Kalkute, ,,što više misliš, to gore..." I ispičao mi je jedan događaj — kako je neki otac imao sina koji je bio strašljivko: svega se bojao; kad je bio mali, bojao se životinja; čim bi video neku životinju: kravu, kamilu, psa, konja — plakao je i drhtao od straha. Da bi ga oslobodio straha otac mu je kupio igračke kao te životinje i terao ga da se igra sa njima: da ih drži, da ih šutira, da im radi sve što

hoće; i dete se, bogme, malo oslobodilo i kad je sretalo životinje — već ih se nije bojalo. Ali kasnije, počeo je da se plaši od komšije koji mu je zapretio da će ga istući zbog toga što ga je video da mu krade voće u voćnjaku. Zatvorio se u kuću i više nije izlazio napolje. Otac je pozvao nekog vajara i platio mu da mu izvaja susedovu glavu. Vajar ju je izvajao i otac je dao sinu da se igra s njom; da je drži, da joj radi šta hoće i dete, malo-pomalo, oslobodilo se straha od komšije i počelo da izlazi iz kuće, nije se više krilo.

Kad je sin odrastao, počeo je da se boji smrti: video je kako mu dolazi u snu, kako ga uzima i vodi sa sobom. Budio se sav prestrašen. Da bi mu oterao strah od smrti, otac je ponovo pozvao vajara i rekao mu da izvaja smrt onako kako ju je opisao njegov sin. I vajar ju je izvajao i dao mu je da se igra. Igrao se sin s njom i prošao ga je i ovaj strah. Ali, ne lezi vraže, samo što se oslobodio straha — došla mu je ona, ali ne u snu, nego na javi — i uzela ga... Znači, doktore, nema bežanja... čim od nje nema spasa, bolje je na vreme...

Doktor ga je slušao i sve se više čudio. I stalno naginjao flašu.

— Pij, doktore, i ja sam ranije dosta pio: kad je piće trebalo da mi čuva dušu... — rekao je Ilko. Napravio je pauzu i nastavio: — Čim čovek ostari, doktore, preostaje mu samo jedno: video je sve u životu — čeka samo susret sa smrću.

Doktor je privukao stolicu bliže krevetu i zabezeknuto buljio u Ilka. On je nastavljao priču ali sada sa mukom, sa pauzama, sa naglim udisanjem vazduha, sa teškim izdisanjem:

— Vreme života je kao određena količina hrane: kad je pojedeš — nema više! I pošto sam znao da će se ona jednog dana potrošiti, da će doći do ovoga, trudio dam se da život provedem što bolje: šetao sam, skitao, išao tamo gde bi mi palo na um... U novim sredinama u koje sam odlazio, činilo mi se kao da započinjem novi život, kao da mi se životi umnožavaju... Ali sada svi su se skupili u jedan, koji će sve izbrisati... Mudrac je go-

vorio: „Nemoj da tuguješ za prošlošću — ona se ne vraća; samo je sadašnjost naša — ali i ona prolazi; o budućnosti ne razmišljaj — ne dolazi po našoj volji..."
— *Mama mia, mama mia* — ponavljao je doktor naginjući flašu i i slušajući ga sve pažljivije. Ilko je s mukom i s prekidima nastavljao:
— Čovek uoči smrti svodi sve račune: šta je mogao, šta nije mogao, šta je uspeo, šta nije uspeo... Jedino nisam uspeo da vidim banju na brežuljku... da bude izgrađena... da se spasem bolova od reume... Ali, eto, i bolovima je došao kraj. Spašću se... Mudrac je govorio da je bog zbog toga stvorio smrt... Najpre je stvorio svetlost, ali ona je postala ponosna — i on je stvorio mrak; kad je i on postao ponosan — stvorio je san; kad je i on postao ponosan — stvorio je nevolje da ga onespokojavaju; a kad su i one postale ponosne — stvorio je smrt da ih izbriše...

Ilko je sve tiše i teže govorio. Zaćutao je. Posle izvesnog vremena pokazao je na lulu što je stajala na stoličici pored njega. Mil ju je napunio, pripalio i stavio mu je u usta; Ilko je povukao jednom, a onda je vrhom jezika izgurao, kao što se guraju veštačke vilice koje smetaju. Mil ju je prihvatio da ne padne. Potom je Ilko digao ruku i privukao je ustima kao da je hteo da uhvati dušu koju je osećao na usnama, ali ruka mu je naglo klonula.

Doktor je ustao i sagnuo se nad Ilkom, raskopčao mu je košulju, priljubio slušalicu uz levu stranu i počeo da osluškuje. Dizao je glavu i ponovo se saginjao i osluškivao kao da roni u najveće dubine tragajući za nekim šumom koji mu beži. Posle izvesnog vremena uvio je gumena creva oko slušalice i, stojeći nekoliko trenutaka nad Ilkom, uzdahnuo:

— Eh... Šteta što je otišao ovakav čovek, *yomo del mondo*... Šteta što će jedan ovakav duh trunuti...

Uzeo je torbu, hteo da pođe.

Milova žena pogledala je prema Ilku i kao da je primetila da mu se vraća boja lica. Zaustavila je doktora:
— Da možda ne glumi...

Doktor ju je pogledao, hteo nešto da joj kaže, ali ju je samo ošinuo pogledom.

Mil i Kala suznih očiju rekoše doktoru:

— Zar nema spasa, doktore? Zar se ništa ne može učiniti?

— Ne vredi — rekao je doktor — reč je o čoveku koji se već pripremio za smrt. Pošao joj u susret... Ma šta da se preduzme (lekovi, injekcije) bilo bi mučenje za njega... — Stisnuo im je ruke u znak sažaljenja, utehe i ushićenja. — Do sada nisam video čoveka koji tako spokojno prilazi smrti... Čoveka koji je pravi tako jednostavnom, običnom, bliskom...

Kala je uzdahnula suznih očiju:

— Nije tačno, doktore, da mome ocu nije žao što napušta život... Jednom mi je rekao: ,,Eh, kako će izgrevati sunce kad mene ne bude..."

Kala je sela na stolicu na kojoj je sedeo doktor i počela Ilku da trlja lice i čelo, da mu sipa kašičicom vodu u usta, da mu podiže jastuk iza leđa da mu olakša disanje, ali on ju je samo pogledao podižući s naporom očne kapke i pri tom kao da se osmehnuo krajičkom usana, i taj osmeh mu je ostao na licu, zgrčen, nedovršen. Okrenuo je pogled prema prozoru i video da se napolju smrklo. Video je zvezde i kao da je osetio neko zadovoljstvo što im vidi onaj isti raspored koji je gledao ranije kao dete i kao mladić pre odlaska iz sela. Kasnije, dok je skitao po svetu, taj raspored uvek mu je bio drukčiji. Jedna je zvezda pala i on je pomislio da je njegova; u njenom kratkom svetlosnom tračku video je kako mu smrt dolazi. I osetio je kako lebdi...

Bogule, posmatrajući kako se gasi, setio se njegovih reči: ,,Postoje duše koje se troše polako, ne naglo i ne odjednom... Troše se polako kao kad sveća gori i tako se lagano gase..."

Njegova majka mu je rekla da iziđe i dlanovima je prošla preko Ilkovih očiju, da mu ih zatvori i da ga zauvek odvoji od svetlosti ovoga sveta. Potom je uzela pokrivač da ga pokrije, ali Mil joj nije dao: — Da sačekamo još malo — rekao joj je. — Sačekaćemo — rekla je ona prinoseći mu zapaljenu sveću ustima da vidi da li će plamičak zatreptati. Kad je videla da ne diše — gotov je — rekla je. — Čekaj, nije gotov — rekao joj je ponovo Mil, gledajući u jednu žilu iznad slepoočnice koja mu se još micala. I kad se i ona umirila, Mil se sagnuo nad Ilkom i poljubio ga. Poljubila ga je i Kala i izišli su napolje da se isplaču.

Milova žena je uzela peškir i vezala mu vilice da mu ne zijaju usta. Skinula je amajliju sa vrata i zagledala se u dijamantski kamičak koji je svetlucao. Uvila ju je u maramicu i strpala u džep. Uzela mu je ruke i prekrstila ih na trbuhu, ali se štrecnula kad je primetila da mu palac jedne ruke stoji uvučen između kažiprsta i srednjeg prsta, kao da joj pokazuje *šipak*. Rastavljajući s mukom zgrčene prste, lupila mu je ruku. Pri tom mu je iz dlana ispao ključić: isti onaj ključić za koji je, onda kad je bio bolestan i kad je buncao, rekao da mu ga je dala žena da otključa grob i da pođe kod nje. Videla je da je to ključ od kovčežića i strpala ga je u džep.

Otvorila je prozor da provetri sobu, da iziđe Ilkova duša. Mesec je bacao mutnu svetlost, kao inje, kao slepo mačje oko; gole grane jabuke u dvorištu pucketale su na vetru kao kostur nekog prepotopskog čudovišta.

Zatim je otvorila prozore i na drugim sobama i na svim drugim prostorijama; otvorila je i dolape, i vitrine, i kovčege, i naćve, i sve drugo što je moglo da se otvori u kući — da odasvud istisne vazduh koji je disao Ilko, da sve provetri.

Kad su ga presvlačili, na koži njegovog tela primetili su razne istetovirane figure: lava — da ga štiti od zla; pticu — da ga štiti od nestanka; zmiju — da ga brani od bolesti; detelinu sa četiri lista — za sreću; sunce — za dugi život.

Bogule je piljio da detaljno pregleda svaki crtež i bio je zapanjen kako su lepo urađeni. Ali njegova majka ga je poslala napolje.

Potom je ona zaklala petla čiju je glavu htela da stavi u Ilkov grob kao žrtvu — da ne povuče za sobom nekog drugog iz familije.

XXII

Jugo je počeo da najavljuje svoj bes sa jezera; dotle danima mirno, ono je počelo da se mreška, da se pokriva talasima koji su stalno narastali i kao čudovišta saletali i gutali one manje; u toj jurnjavi, izletali su na obalu i nastavljali i dalje da zapljuskuju, ali završavali su kobno udarajući u stene; njihovo urlikanje je bilo grozno. Nad jezerom se pojavio vodeni kovitlac, *vodena pijavica*, i podigao se čak do neba. Pošto je zahvatio i podigao vodu sa jezera, prebacio se nad poljem, noseći u vodi i ribice koje su se stropoštavale odozgo. *Pijavica* i *jugo* prešli su preko jezera i nadneli se nad selo, zapljuskujući kuće i drveće. I tako, celog dana. Tokom noći naleteli su na severac i uhvatili se s njim ukoštac. Brda i planine su ječali.

U samo praskozorje povukli su se — svak na svoju stranu. I sve se smirilo, postalo gluvo.

U toj tišini, zemlja je zadrhtala. Ljudi su istrčali napolje i uperili poglede prema brežuljku, prema *duvalu*. Nisu se iznenadili: dim je bio prestao da kulja... Je li to istina, bože?! Nisu mogli da veruju svojim očima i počeli su da trče prema brežuljku. Popeli su se do *duvala* i videli da je dim zaista stao. Počelo je opšte veselje: ljudi su se grlili, ljubili, videli su spas! Vrištali su, natezali flaše, pucali iz pištolja, pušaka, prangija — planina je podrhtavala od pucnjeva. Neki, takvom veselju, od radosti ili pijanstva počeše da skaču sa crvene stene na brežuljku. Padali su, udarali se, povređivali, ali i oni i ostali u toj radosnoj zanetosti malo su obraćali pažnju na to. Vest se brzo raširila. Iz grada su došli organi vlasti, a skupio se i narod iz okolnih sela. Veselje je sve više i više raslo: jelo se, pilo, klali su se jagnjići, prasići, dovlačili su se baloni sa pićem iz kuća, kotraljala se burad sa vinom po sokacima; treštale su pesme i svirke, celo se selo orilo.

Slepa Donka je pružala ruke ka ljudima i vikala:

— Jesam li vam govorila da i nesreće imaju svoje puteve... Kako dođu, tako i odu... — pružala je ruke da do nekog dosegne, da ga zagrli, ali ljudi, zaneti veseljem, nisu obraćali pažnju na nju...

Kad je veselje, što je trajalo cele noći, prestalo, u sam osvit, oglasila su se crkvena zvona. Tužno su javila da je umro Ilko. Umro je kao što je predviđao Bogule: kad je stao dim.

Mada još presrećni, ljudi su se slegli da isprate Ilka na njegov večni put. U kovčeg, koji je u sobi bio okrenut prema istoku, rođaci, prijatelji, seljani, stavljali su razno voće i slatkiše da ih on odnese na onaj svet za njihove najdraže. Posmatrali su Ilkovo lice koje je bilo žuto, providno, prazno, kao da iza njega nema ništa, ali lepo, veoma lepo. Guste obrve vrh očiju, stajale su mu kao raširena lastavičja krila. Svetlost sveće titrala je na njegovoj koži kao na površini biste vode. Iz ušiju mu je štrčalo nekoliko dlačica, nežnih kao mlade vlati trave.

Neka je bubica uletela kroz otvoreni prozor, sletela na Ilkov sanduk i počela da mili po pokrovu. Milova žena ju je udarila maramicom, zbacila na pod i zgnječila nogom.

— E, nećeš se vala pretvoriti u bubicu! — rekla je Ilku.

Ljudi su se zgledali.

Kala je uzela bubicu, stavila na dlan kao da hoće da je oživi, pogledala ju je tužno kao da gleda očevu dušu i izišla napolje, tražeći mesto gde da je ostavi.

Ljudi su se ponovo zgledali.

Došla je i slepa Donka, sela uz kovčeg i počela da nariče. To je Kalu još više potreslo. Počela je da jeca:

— Šta ću jadna bez oca...

— Ono što si i dosad... — odbrusila joj je Milova žena.

Došao je pop, okadio ga tamjanom, opojao ga i ljudi su podigli kovčeg koji su sa mukom okrenuli i spustili niz stepenice. Kad su sišli i prošli kroz dvorište, pas, koji je ostao živ od šintera samo zahvaljujući tome što ga je Bogule sakrio u šumi, ponovo je izleteo iz kućice, ali ovoga puta nije zalajao na Ilka kao ranije, nego je nemo gledao u kovčeg i ljude. Kad su izišli na put i kad je povorka pošla prema groblju, on je zapeo svom silinom i otkinuo lanac; istrčao je iz dvorišta i krenuo za povorkom; išao je iza ljudi, pognute glave. Neki su ga šutirali nogama da ga oteraju, ali on bi podvio rep, malo bi se izmakao i odmah potom ponovo vratio. Dok su Ilka sahranjivali, stajao je sa strane i stalno piljio u Ilkov grob. Činilo se kao da cvili.

Ilka su spustili u grob koji su mu ranije iskopali, onda kad mu je umrla žena. Pri izbacivaju zemlje unutra su pronašli sliku koju se nekad stavili umesto njega. Slika je bila istrulela i odmah se raspala; metalni okvir koji ju je držao ostao je zalepljen za dno groba kao prozorčić koji gleda negde dole, prema podzemnom svetu. Na krstači, koja je takođe bila postavljena odranije, pored godine rođenja dopisali su mu i godinu smrti.

Posle povratka sa sahrane, Milova žena je odmah požurila da otvori Ilkov kovčežić i da vidi šta ima unutra. Najpre je naišla na Isusovu sliku. Zagledala se u nju i namrštila: Isus je sedeo zajedno sa đavolom na jednom velikom oblaku i kockali su se: umesto parama — kockali su se ljudima. To ju je jako uzrujalo. Sliku je odmah pocepala. Čeprknula je malo dublje u kovčežić i naišla na goblen koji je Ilko radio: odmotala ga je i počela da ga razgleda. Gledala ga je i izbliza i izdaleka, ali nije mogla da odgonetne šta je na njemu. Ali kasnije, kad je pročitala ono što je Ilko bio napisao na goblenu, sve je razumela. Videla je da to predstavlja banju, onu banju koju je Ilko zamišljao na brežuljku, čim stane dim: brežuljak je bio izvezen zelenom, žutom, kafenom i lila bojom; banja: zidovi bež, a krov crven; po brežuljku raznorazno drveće, cveće, klupe, rečica, mostići; sasvim dole je pisalo: ,,Ja, Ilko Lečoski, ostavljam selu za uspomenu, nacrt banje koja će se graditi na brežuljku. Ako se budu skupljali dobrovoljni prilozi od naroda, i ja dajem svoj prilog: amajliju sa skupocenim dijamantom..."

— Proklet bio! — otelo joj se i bacila je goblen.

Pogled joj je skrenuo ka njegovoj slici okačenoj na zidu. Trgla se: na njoj je videla onaj isti zgrčeni osmeh koji mu je ostao na ustima pre same smrti. Skinula je sliku i ubacila u kovčežić.

Onda je sa zida skinula i ogledalo u kojem se Ilko ogledao i u kojem joj se učinilo da vidi senku njegovog lica. Ubacila je i njega u kovčežić. Skinula je i časovnik koji je stao posle Ilkove smrti. Skupila je i ostale pokojnikove stvari; lulu, češalj za kosu, češljić za brkove i guste obrve, igle, konac za vezenje, papuče, geografsku kartu na kojoj su bile obeležene sve zemlje koje je obišao i mesta kroz koja je prošao — i sve to strpala u kovčežić, da ih više ne gleda.

XXIII

Milova žena je svakog praznika, a često i u drugim običnim danima odlazila na Ilkov grob i nosila mu za dušu. Radila je to iz straha da se ne povampiri i da joj ne lupa po kući, tražeći hranu, pretražujući dolape, kao što je činio dok je bio živ. Ali i pored toga, on joj nije davao mira: dolazio joj je u san pretvoren u bubicu, u onu istu bubicu koju je ona ubila na njegovom kovčegu; otvarala je vrata na sobi, polako, kao čovek, i ulazila unutra, milela po podu, penjala se na krevet, milela po pokrivaču prema njenoj glavi; ona je skakala od straha, skupljala se u klupče u jednom uglu kreveta, a čim bi ona nastavila da mili prema njoj, počela bi da je udara nogama, rukama, jastukom; gnječila ju je, ali bubica nije ništa osećala i ponovo je nastavljala da mili prema njoj; ona je iskakala iz kreveta i nastavljala da je juri; udarala ju je metlom i to nekoliko puta zaredom, jako, ali bubica bi se samo okrenula na leđa, a potom ponovo stala na noge i nastavila uporno da mili prema njoj; kad bi stigla do njenih nogu, ona bi počela da je udara jako stopalom, da bi je smrvila, ali bubica se tada uvek pretvarala u dijamantski kamičak sa Ilkove amajlije i od udaraca samo je nju stopalo bolelo.

Videviši da ne može da je uništi, počela bi da doziva u pomoć i da pokušava da iziđe iz sobe, ali nije mogla. Tako, uplašena, budila se. Ako je bio pored nje, Mil bi je umirivao, a ako je bio u laboratoriji, ona je išla kod njega i ostajala do svanuća.

Mil joj je govorio:

— Otac je govorio da loši snovi predskazuju loše zdravlje. Sigurno si bolesna, ali ne znaš od čega...
— Od njega... — otelo se njoj.
— Od njega?! — začudio se Mil.
— Od njega, nego šta — ponavljala je ona.

Kad je prolazila kroz dvorište, ili kad je išla putem do polja, gazila je i gnječila svaku bubicu na koju bi naišla.

Bubica joj je dugo dolazila u san i mučila je. Oslobodila je se tek onog dana kad je ispunila Ilkovu želju: kad je u Mesnom odboru predala njegovo zaveštanje: goblen i amajliju sa dijamantskim kamičkom.

I Bogule je sanjao loše snove. U pismu koje je poslao pisao je: ,,Dragi tata, ponovo sam sanjao loš san. Ti si se nalazio na brežuljku i termometrom merio toplotu vode koja je šikljala iz *duvala*. Merio si je i mnogo si se sekirao što voda, umesto da povećava, kao što si očekivao, smanjuje temperaturu, što je bio znak da lava, ipak, neće izbiti i da ti neće pomoći da realizuješ svoj naučni poduhvat. Onako ljut, ti si bacio termometar u *duvalo* i on je eksplodirao kao bomba, napravivši pri tom procep kroz koji je počela da kulja lava, da pršte sjajni komadići na sve strane kao u pravom vatrometu; ti komadići su padali i na tebe, ali ti, obuzet radošću, ništa nisi osećao. Bacao si ih lopatom u vodu i eksperimentisao, a oni su cvrčali i dizali paru. I dok si ti bio zanet posmatranjem, na tebe je padao i pokrivao te vrući pepeo. Trčao sam ka tebi da ti pomognem, da te izvučem odande, ali ja sam koračao napred, a noge su me vukle nazad. Počeo sam da vičem, i ta me vika probudila. Video sam kako me drugovi iz internata drže za obe ruke da ne iziđem napolje. Počeli su da me drmusaju, da se razbudim, da dođem sebi; umili su me vodom i, najzad, umirili. Ponovo sam se vratio u krevet, legao, ali nisam mogao više da zaspim. Kroz prozor spavaće sobe posmatrao sam sunce što se dizalo iza planine i činilo mi se kao da iz zemlje izbija plamen, kao da je izbio neki ogromni vulkan. To me je ponovo uzbuđivalo.

Stalno mislim na tebe i mamu i vreme mi ovde sve teže prolazi. Zamolio sam upravnika internata da me pusti nekoliko dana da vas obiđem, ali nije me pustio. Čak ni pare koje si mi ti ostavio da kupim autobusku kartu neće da mi da bez tvog odobrenja. Jednog mog druga iz internata odredio je da pazi na mene, da ne ustajem noću. Pišite mu, molim vas, izmislite da je nešto hitno, važno, da me pusti. Molim vas da to učinite što pre. Voli vas i ljubi vaš sin Bogule."

Bogule je nastavio da sanja loše snove. Skakao je iz kreveta, izlazio kroz vrata spavaće sobe; drugovi su trčali za njim, budila ga, rasanjivali i ponovo vraćali u krevet. Uveče su mu stavljali i korito sa vodom pored kreveta.

Često bi usred časa, nekako bunovan, iznenada viknuo:

— Ne! Ne! — i na taj način pokvario čas nastavniku, a koncentraciju učenicima. Umirili bi ga i upitali šta mu se dogodilo, zašto viče, a on bi rekao: — Ne znam, tako mi je došlo... — i počeo da se priseća da li je to sanjao ili mu se samo učinilo da se nastavnik jednog trena okrenuo prema njemu i da je kredom, kojom je dotle pisao na tabli i koja se u taj mah pretvorila u strelu, počeo da ga gađa.

Na drugom času, u toku predavanja, ustao je sa klupe, pokupio knjige i krenuo napolje.

— Kuda? — upitao ga je nastavnik.

On nije ništa odgovorio.

— Kud si naumio? — brecnuo se sada na njega nastavnik i uhvatio ga je za ruku.

On se pribrao, pogledao gde se nalazi i vratio natrag u klupu.

Takvi trenuci su mu se javljali s vremena na vreme, ali je, inače, na časovima bio miran. Nije imao želju da uči, ali matematika, onako, sama od sebe, išla mu je izvanredno. Neke računske operacije nije radio na tabli ili u svesci kao druga deca, nego napamet. Udžbenik matematike na vežbama u internatskoj vežbaonici čitao je naglas, kao da je neka lektira ili pesmica. Olovkom se nikad nije koristio. Nastavnik matematike predviđao je da će postati genije.

Zato su svi tako brinuli o njemu.

U početku i drugovi i vaspitači u internatu tražili su da se ispiše iz internata jer ih je uznemiravao, počeli su čak da ga mrze, ali kasnije su ga zavoleli, jer su videli da Bogule zaista nije bio agresivan i loš; imao je nežnu, pitomu dušu.

XXIV

Milu, međutim, zujanje one pčele što se ubila na prozoru u laboratoriji, kao da je ostalo u glavi. S vremena na vreme osetio bi ga i odmah postao utučen, neveseo. Njeno zujanje mu je probijalo glavu sve dok ne bi doletela neka ptica, dok je ne bi pokljucala. I tada bi zujanje prestalo, a on postao vedar, veseo. Posle dan-dva zujanje pčele bi se ponovo pojavilo, da ga muči, da mu unosi nemir, sve dok ne bi opet došla ona zamišljena ptica, dok je ne bi opet pokljucala. I tako unedogled. U stvari, od prevelikog umora i prenapetosti, njemu se zatezala neka preosetljiva žica u glavi i tako napeta stvarala mu zuj koji ga je iznurivao. U tim trenucima držao je glavu rukama, oslanjajući se laktovima o sto u laboratoriji. Zuj se nadalje stapao sa odblescima svetlosti sličnim onima ultraljubičastim sa kojima je eksperimentisao. I više nije imao volju ni da radi, ni da stane na prozor i gleda napolje, ni da posmatra menjanje vremena, dana, i promene prirode, jer je osećao da se sve te promene sada događaju u njemu: i sukobljavanje i rastavljanje vetrova, i bazanje magli. I dugo je buljio samo u jednu tačku na zidu u laboratoriji, kao da je od nje očekivao spas, ili kao da je kroz nju hteo da provuče i izgura svoje mučno raspoloženje.

Jednog dana u laboratoriji je grunula eksplozija: kuća je zadrhtala, prozori su popucali. Sjurila se uplašeno njegova žena da vidi šta se dogodilo. Pritisnula je kvaku na vratima, ali vrata su bila zaključana. Počela je da lupa, da doziva Mila, ali on se nije odazivao. Dotrčali su i susedi koji su čili eksploziju i počeli da zapitkuju:

— Šta se dogodilo?
— Ne znam... — rekla je ona gurajući vrata. — Vrata su zaključana... Mil se ne odaziva...
Oni su nagrnuli i razvalili vrata. Kad su ušli unutra, imali su šta da vide: Mil je ležao na zemlji — mrtav; oko njega su bili razbacani komadići polomljenih epruveta, flaše sa gasovima, glinene posude, kvarcne lampe, električni provodnici, sočiva, mikroskop... Dim što se još uvek širio po laboratoriji osećao se neprijatno, zagušljivo...
— Ju, ju — kriknula je Milova žena i stropoštla se na pod. Ljudi su je podigli, izveli napolje i polili je vodom da je osveste.
Dojurili su i drugi seljaci. Gledali su Mila, gledali raskomadane predmete oko njega, pokidane električne kablove i nisu smeli da priđu, da ga vide, da ga podignu. I dok su čekali da dođe komisija da napravi uviđaj, razmenjivali su misli, nagađali, pravili pretpostavke kako je došlo do nesreće. Jedni su govorili: ,,Eksplozija se dogodila greškom" — jer se Mil bavio stvarima koje dobro ne poznaje — a drugi: ,,Do eksplozije je došlo namerno; Mil ju je izazvao u trenutku očajanja, u trenutku krize, jer je najzad shvatio da se uzalud muči, da ne može da ostvari svoju želju — da stvori živu materiju. Zbog toga je rešio da raskrsti sa svim — da prekrati muke. A tome je verovatno doprinela i njegova žena koja mu je stalno gunđala, jela mu dušu i odvlačila ga od posla." Ljudi su govorili:
— I kamen, iako kamen, čim se pregreje, čim nabrekne — mora da pukne. Kako ne bi čovek... Jadan on, borio se da postane slavan, a postao je žrtva...
— Jadna ja, osećala sam da ga nešto muči... da će mu se nešto dogoditi... — ridala je njegova sestra Kala. U poslednje vreme gledao me je nekako čudno, kao da me nikada dotad nije video...
Milova žena je ponavljala:
— Nije imao nikakav razlog za samoubistvo... Meni su bili živci pri kraju — a ne njemu...

XXIV

Milu, međutim, zujanje one pčele što se ubila na prozoru u laboratoriji, kao da je ostalo u glavi. S vremena na vreme osetio bi ga i odmah postao utučen, neveseo. Njeno zujanje mu je probijalo glavu sve dok ne bi doletela neka ptica, dok je ne bi pokljucala. I tada bi zujanje prestalo, a on postao vedar, veseo. Posle dan-dva zujanje pčele bi se ponovo pojavilo, da ga muči, da mu unosi nemir, sve dok ne bi opet došla ona zamišljena ptica, dok je ne bi opet pokljucala. I tako unedogled. U stvari, od prevelikog umora i prenapetosti, njemu se zatezala neka preosetljiva žica u glavi i tako napeta stvarala mu zuj koji ga je iznurivao. U tim trenucima držao je glavu rukama, oslanjajući se laktovima o sto u laboratoriji. Zuj se nadalje stapao sa odblescima svetlosti sličnim onima ultraljubičastim sa kojima je eksperimentisao. I više nije imao volju ni da radi, ni da stane na prozor i gleda napolje, ni da posmatra menjanje vremena, dana, i promene prirode, jer je osećao da se sve te promene sada događaju u njemu: i sukobljavanje i rastavljanje vetrova, i bazanje magli. I dugo je buljio samo u jednu tačku na zidu u laboratoriji, kao da je od nje očekivao spas, ili kao da je kroz nju hteo da provuče i izgura svoje mučno raspoloženje.

Jednog dana u laboratoriji je grunula eksplozija: kuća je zadrhtala, prozori su popucali. Sjurila se uplašeno njegova žena da vidi šta se dogodilo. Pritisnula je kvaku na vratima, ali vrata su bila zaključana. Počela je da lupa, da doziva Mila, ali on se nije odazivao. Dotrčali su i susedi koji su čuli eksploziju i počeli da zapitkuju:

— Šta se dogodilo?
— Ne znam... — rekla je ona gurajući vrata. — Vrata su zaključana... Mil se ne odaziva...
Oni su nagrnuli i razvalili vrata. Kad su ušli unutra, imali su šta da vide: Mil je ležao na zemlji — mrtav; oko njega su bili razbacani komadići polomljenih epruveta, flaše sa gasovima, glinene posude, kvarcne lampe, električni provodnici, sočiva, mikroskop... Dim što se još uvek širio po laboratoriji osećao se neprijatno, zagušljivo...
— Ju, ju — kriknula je Milova žena i stropoštla se na pod. Ljudi su je podigli, izveli napolje i polili je vodom da je osveste.
Dojurili su i drugi seljaci. Gledali su Mila, gledali raskomadane predmete oko njega, pokidane električne kablove i nisu smeli da priđu, da ga vide, da ga podignu. I dok su čekali da dođe komisija da napravi uviđaj, razmenjivali su misli, nagađali, pravili pretpostavke kako je došlo do nesreće. Jedni su govorili: ,,Eksplozija se dogodila greškom" — jer se Mil bavio stvarima koje dobro ne poznaje — a drugi: ,,Do eksplozije je došlo namerno; Mil ju je izazvao u trenutku očajanja, u trenutku krize, jer je najzad shvatio da se uzalud muči, da ne može da ostvari svoju želju — da stvori živu materiju. Zbog toga je rešio da raskrsti sa svim — da prekrati muke. A tome je verovatno doprinela i njegova žena koja mu je stalno gunđala, jela mu dušu i odvlačila ga od posla." Ljudi su govorili:
— I kamen, iako kamen, čim se pregreje, čim nabrekne — mora da pukne. Kako ne bi čovek... Jadan on, borio se da postane slavan, a postao je žrtva...
— Jadna ja, osećala sam da ga nešto muči... da će mu se nešto dogoditi... — ridala je njegova sestra Kala. U poslednje vreme gledao me je nekako čudno, kao da me nikada dotad nije video...
Milova žena je ponavljala:
— Nije imao nikakav razlog za samoubistvo... Meni su bili živci pri kraju — a ne njemu...

Došli su doktor Tatuli i sudsko lice i izvršili uviđaj; konstatovali su da je smrt nastupila usled eksplozije, ali nisu mogli da utvrde da li je ona slučajno nastala ili je namerno izazvana. U fioci radnog stola pronašli su njegov notes *Veritas* u kojem je Mil zapisivao razne stvari. Prelistali su ga na brzinu i pogled im se zaustavio na nekim beleškama: „Naučni rad je mnogo težak; traži velika odricanja i napore da bi se stiglo do istine...", „Da bi se stiglo do nemogućeg, treba stalno razvlačiti granice mogućeg. Ako to nije moguće — ne treba udarati čelom u njih, nego ih treba zaobići...", „Da se dođe do kapi — treba preći okean...", „Poduhvat mi je čas nadohvat ruke, čas beskrajno daleko; upravo pomislim da se elementi spajaju, oni ponovo nastave da žive nezavisno kao tela u kosmosu... Vidi se da nešto malo nedostaje, nešto što je ogromno za ovaj poduhvat...", „Kad bih se ponovo rodio — opet bih se bavio naukom..."

Doktor Tatuli je potražio rakiju, otpio gutljaj-dva i nastavio da čita: „Tragati za nečim i ne stići do toga ako ne postoji — nije šteta. Šteta je ako to nešto postoji — a ne uspe se da se stigne do tog nečega..." Klimao je doktor Tatuli glavom i mrmljao:

— Hm, hm, *mama mia*...

Na sahrani se skupilo mnogo ljudi. Iz grada je došao i njegov kolega Sirin. Opraštajući se od Mila, on je rekao:

— Neka ti je večna slava, dragi moj Mil. Tvoje ime neće biti zaboravljeno, jer si ti bio stvoren da vidiš ono što drugi ne mogu; da čuješ ono što drugi ne mogu; da osetiš ono što drugi ne mogu da osete; da ulaziš u tajne koje su svima drugima nedostupne. Nadohvat poduhvatu i slavi, a eto — nauka ne može bez žrtava...

Svoje tajne Mil je odneo sa sobom u grob, a na sahrani se otkrila ona druga tajna koja je mučila ljude: ko krade pare iz crkve... Dok je pop čeketao kadionicom nad Milovim kovčegom i čitao molitvu, slepa Donka zavukla je ruke u džepove i izvadila jednu papirnu novčanicu da je stavi na ikonu sv. Bogorodice; opipala ju je rukama, zgužvala, postojala malo s njom u ruci kao da se dvoumi, a zatim stavila na ikonu; prebirajući prstima, po-

kupila je stiniš sa ikone i strpala ga u džep. Neki su je ljudi primetili, pogledali lepo novčanicu i videli da je banknota stara, nevažeća. Jedan od njih je povikao:
— A, ti si, dakle... Ti kradeš pare!
Ona se zbunila:
— Kakva krađa? — rekla je.
— Takva; ostavljaš nevažeće, okupacijske pare, a uzimaš nove, važeće...
— Okupacijske?! — zgranula se najpre ona, a onda uzdahnula: — Pa, otkud bih ja jadna znala, ovako slepa, bez očiju u glavi... Ostale su mi u kući od pokojnog muža... Mislila sam da su velike, pa ih menjam, uzimam sitnije da mi se nađu za drugi put... Ah, oprosti mi sv. Bogorodice, oprosti mi za moje slepilo... Nisam znala... — počela je da rida kad su se svi okomili na nju. Krstila se i ljubila ikonu.
— Bože dragi, šta još nećemo doživeti... — rekoše ljudi.

XXV

Kad je telegram kojim su Boguletu javljali da mu je umro otac stigao u internat, on se nalazio u bolnici; nekoliko dana pre toga usnio je onaj isti san: kako je vulkan opet izbio, kako zatrpava selo koje je ostalo prazno i u kojem samo njegov otac živi; skakao je iz kreveta i pozivao oca da beži; njegova vika ponovo je budila drugove u spavaonici, oni su ga držali i nisu mu dozvoljavali da izlazi napolje; polivali su ga vodom i tako budili. Kasnije, od straha ili od prehlade, teško je oboleo i odveli su ga u bolnicu. Upravnik je pročitao telegram, ali mu nije rekao ništa, dok ne ozdravi. Kad je ozdravio i kad se vratio u internat, on je pozvao Boguleta i pažljivo, izokola, saopštio mu da mu je otac umro, pružio mu telegram i izrazio saučešće milujući ga rukom po glavi nežno, očinski, i molio ga da smogne snagu da prevlada ovaj bol, ovu tugu; rekao mu je da zna koliko se to mučno doživljava, ali šta se može kad je to neminovnost, kad se ne može ništa preduzeti, ništa učiniti; plakanjem i tugovanjem može samo da pogorša svoje i onako slabo zdravlje.

Bogule ga je slušao odsutno i jedva čekao da završi priču, jer je mislio da tu nije reč o smrti njegovog oca, već je telegram samo mogućnost, povod da ga oslobode iz škole i internata, da ga puste nekoliko dana kući, kao što su ga pustili onda kad su mu javili da mu je deda na samrti.

Videći Boguletovo držanje, uprvnik je bio zadovoljan, čak očaran, što Bogule tako čvrsto, hrabro, muški prima ovu tešku vest o ocu. Stusnuo mu je ruku i dao mu autobusku kartu koju mu je bio izvadio da ode do kuće na nekoliko dana.

Kad je Bogule ušao u autobus, srce mu je zaigralo od radosti. Nestrpljivo je očekivao trenutak kad će stići kući, kad će zagrliti oca i majku. Zurio je kroz prozor i nervirao se što neravan put usporava kretanje autobusu. Autobus je brektao, ostavljajući za sobom dugačak rep prašine. Nervirao se i kad je autobus na usputnim stanicama gubio mnogo vremena za odmor. Što se više približavao selu, vreme se sve više razvedravalo, prolepšavalo; sunce je izvirivalo iza oblaka, bacajući povremeno kratke mlazeve svetlosti, kao da se neko igra ogledalom. Sa visokog prevoja na planini, u daljini se videlo jezero koje je sunce, zalazeći, obasjavalo samo jednim delom, kao snop svetla bačen na mračnu pozornicu. On je posmatrao taj svetli snop, posmatrao mesta koja su mu bila dobro znana i srce mu je igralo od radosti. A kad se autobus sjurio niz planinu i sišao u selo, srce mu je skakutalo kao u pileta. Sišao je i trkom se uputio kući. Gurnuo je krilo dvorišne kapije i zvono nad njom oglasilo se jezivo, grozno. U dvorištu ga je sačekala majka, zabrađena crnom maramom. On ju je zagrlio, zagrlila ga je i ona, potom je on malo ustuknuo i upitao:

— A gde je tata?
Ona je malo ćutala, a iz očiju su joj same potekle suze.
Bogule je ponovio pitanje:
— A gde je tata?
— Umro je... Zar nisi dobio telegram?
— Nije istina — pobunio se Bogule.
— Istina je, čedo... — izustila je ona i počela da rida. — Jeste istina...
— Nije moguće da je tata umro... To nije moguće... — počeo je Bogule da drhti, bacio je torbicu koju je držao u ruci i sjurio se stepenicama, ušao u laboratoriju, video da ga nema, pretražio sve prostorije, opet ga nije bilo. Upitao je:
— Gde je otišao tata?
— Rekla sam ti, čedo... — zagrcnula se njegova majka.
Bogule nije hteo da poveruje.

Poverovao je tek kad ga je ona odvela na groblje i kad mu je pokazala grob, pokrivajući oči rukama da ga ne gleda. Jecao je dugo, gušio se u suzama, sve dok ga majka nije podigla i odvela kući. Od tuge se ponovo razboleo. Dobio je visoku temperaturu i stalno je bio u bunilu. U bunilu je video oca kako ulazi u sobu da ga dočeka, da ga zagrli, ali samo za trenutak. Odmah je potom odlazio, gubio se. To mu se često ponavljalo.

Kad ga je bunilo prošlo i kad mu otac više nije dolazio, pri svakom otvaranju i zatvaranju vrata, da bi mu majka nešto prinela, on je skakao iz kreveta jer mu se pričinjavalo da to otac ulazi.

Jednog dana došao je drvoseča Metodija Lečoski, da preda njegovoj majci pismo koje su umesto Milu njemu uručili. Kad ga je video, Bogule je skočio iz kreveta, pojurio mu u susret i, grleći ga, vikao radosno:

— Tata... Tata...

Metodija ga je gledao zbunjeno. Gledao je čas u njega, čas u njegovu majku, koja je plakala, i nije znao šta da učini, šta da mu kaže. Stajao je kao ukopan u njegovom zagrljaju, sve dok ga majka nije odvukla i, milujući ga po glavi, nije rekla:

— Hajde, sine, idi u krevet... To nije tvoj otac...

Bogule je dugo bolovao. Lice mu je bilo ispijeno, oči utonule, pogled potpuno izmenjen. Doktor Tatuli je dolazio svakog četvrtka da ga obiđe i davao mu lekove za smirivanje groznice i za psihičke depresije izazvane tugom za ocem. Savetovao je majku da se pobrine da mu se stanje ne pogorša — da mu redovno daje da gleda očeve slike i da zamoli Metodija Lečoskog da naiđe s vremena na vreme — sve dok Boguleta ne prođe depresija i dok ne shvati da mu otac više nije živ.

Tokom vremena Boguleta je prošla kriza i on je ustao iz postelje. I više nije tugovao za ocem. A i ranija pojava da ustaje noću je nestala. Nestala je kao što je predviđao doktor — kad mu je prošao pubertet. A možda je tome doprinelo i to što je on počeo da druguje sa jednom devojkom, svojom vršnjakinjom, nekom Zlatom, kao što mu je savetovao njegov deda Ilko. Za kratko vreme kao da je načinio veliki skok u godinama: kao da je odjednom prešao iz dečačkog u mladićko doba: dobio je drukčiji izgled i ozbiljnije ponašanje, glas mu je zadebljao, počeo je da se doteruje, da pegla i udešava odeću, da sve češće sedi i da se licka pred ogledalom, da češlja i doteruje kosu, da bulji u nežne dlačice na brkovima, koje su počinjale da se pomaljaju.

Zavoleo je Zlatu i nije mogao bez nje. Stalno su bili zajedno. Obilazili su okolna mesta, voćnjake, šumarke. Odvodio ju je ponekad u neku plevnju i tamo pokušavao da joj uradi ono što je krečar Oraš radio ženi pitropa Andra, ali ona mu nije dozvoljavala. Dozvoljavala mu je da joj dira grudi i da je ljubi. Čim bi spustio ruke malo niže od nedara, ona bi se usprotivila:

— Nemoj tamo, molim te.
— Zašto?
— Ne smem... Grdiće me...

Bogule je jedva čekao da dođe vreme kad će smeti i kad je neće grditi.

Spavajući noću mirno, spokojno, Bogule je ujutro ustajao svež, naspavan, veseo i odmah se prihvatao nekog posla u kući ili u njivi. Školu nije nastavio, jer ni njegovo majka nije htela da ostane sama; želela je da Bogule preuzme svu brigu oko kuće i imanja. I zaista, srce joj je bilo puno kad ga je gledala kako upreže volove i kako odlazi u njivu da ore, kako stavlja samar na konja i kako odlazi u planinu po drva, kako kosi travu u livadi...

Ali jednog dana nešto ju je kosnulo u duši kad ga je videla da se muva po laboratoriji.

— Šta radiš? — upitala ga je.

On je malo ćutao, a onda rekao:

— Ništa... Malo je sređujem...

Kad ga je posle nekoliko dana ponovo zatekla da nešto radi, ona se uplašila da i on ne pođe očevim stopama. Skupila je sve iz laboratorije, ono vrednije odnela i prodala u gradu, a ono ostalo pobacala i izlomila. Preuredila je prostoriju u sobu i počela da je koristi kao i ranije.

To je Boguleta mnogo pogodilo; stvari iz laboratorije su mu bile drage uspomene na oca: podsećale su ga na njega, spajale su ga s njim, činile ga prisutnijim. Spopala ga je ljutnja, obuzelo ga je nerasploženje. Prestao je da govori sa majkom, gledao je da bude sam. I skoro sve vreme je provodio na tavanu: preselio je tamo sve što je bilo preostalo u laboratoriji i stalno čitao očeve knjige.

Prema majci je i dalje bivao sve hladniji. Ljutnju su mu pothranjivale i mnoge druge stvari kojih se prisećao; sećao se na primer kako se mnogo plašio kad bi zgazio u korito sa vodom pored kreveta koje mu je stavljala majka da ga probudi, da ne šeta noću... Od tog buđenja u vodi dugo bi drhtao. Sećao se i njenih stalnih prekora: ,,Crkao dobogda! Ne daš nam da zaspimo!" Prisećao se kako ga je tukla kad bi ga videla nagog pred ogledalom, dok je posmatarao mladeže na svojoj koži, koji su ga podsećali na sazvežđa. Sećao se kako ga je silom odvlačila od oca, ne dajući mu da vežba s njim, da razradi desnu ruku, i ne dajući mu da sedi kod njega u laboratoriji i da se igra stvarima koje mu je on davao. Nije dozvoljavala ni da mu deda Ilko priča doživljaje iz sveta. Vikala je: ,,Otac će jednim, a deda drugim stvarima da ti pomute um..." Prisećao se i šamara koji mu je udarila kad je počeo da razmišlja o smrti, o tome kako ona dolazi i zašto čovek mora da umre, da nestane iz sveta, da ne postoji. Obuzet ovim razmišljanjima, jednom je upitao: ,,Da li mora svako da umre?" ,,Svako", rekla mu je ona. ,,A tata?" ,,I on!" ,,A ti?" ,,I ja!" ,,Zašto", počeo je da zapitkuje on. ,,Dete, prestani da razmišljaš o tome!" dreknula je ona na njega. A kad ju je posle izvesnog vremena opet upitao: ,,A ja, moram li i ja da umrem?" ona mu je opalila šamar.

Prisećao se i drugih stvari kad ga je tukla i zatvarala bez jela; prisećao se i počeo da oseća odbojnost i mržnju prema njoj.

XXVI

Bogule se svakoga dana sve više otuđivao od majke; gledao je da što manje vremena provodi kod kuće, što manje da je sreće; i ma šta da ga je upitala, on je ćutao, ništa joj nije odgovarao; pokušavala je ona i lepim i blagim rečima da ga odobrovolji, da ga privoli, da mu kaže da samo njega ima na svetu, da joj je on najdraži od svega, da je on glava kuće, da je on gazda, da on treba da preuzme svu brigu oko imanja; čekala ga je i za ručak i za večeru, ali on nije jeo s njom; napisala bi na papiriću gde se nalazi i gde radi, u kojoj njivi ili livadi, da i on pođe da joj pomogne, on nije hteo da čuje za to.

Uveče je legao kasno, a ujutro je spavao dugo i nije hteo da ustane kad ga je ona budila. Osećala je da se sa njim opet nešto dešava, da ga ponovo obuzima tuga za ocem i činila je sve da mu ugodi, da mu olakša krizu, da ga to jednom prođe, zauvek.

Pozivala je i doktora Tatulija da ga vidi, ali Bogule, čim bi ga video, bežao je i nije hteo da se sretne s njim.

Otuđen od majke, sada je bliskost i toplinu nalazio kod Zlate i nastojao je da budu što češće zajedno. Odlazio je njenoj kući, ulazio u voćnjak i zviždao joj dajući joj znak da iziđe. Ona je izlazila kad joj roditelji nisu bili kod kuće i šetali su po okolnim mestima da ih niko ne vidi. Šetali su i držali se za ruke, osećajući uzbuđenje zbog dodira kože, zbog vreline. Milujući se u livadi, prisećali su se prvog susreta koji se dogodio u njoj; taj susret je bio slučajan: on je napasao tele, i ona je napasala tele; i dok su čavrljali, ona je milovala svoje tele i on je milovao svoje tele; posle izvesnog vremena, nesvesno, on je milovao njeno, a ona njegovo tele. Narednih dana sedeli su na međi, posmatrali telad kako pasu, glavu uz glavu, i sasvim neosetno njegova ruka je prošla prema njenoj. Ona je nije povukla, počeli su da bulje u svoje ruke kao da ih prvi put vide: njegove punačke, rumene, a njene tanke, blede; počeli su da ih miluju; potom su jedno drugom mrsili kosu: njena duga, crna i sjajna, a njegova kratka, boje bakra, na razdeljak. Bogule, dok je mrsio njenu kosu, zavlačio je i svoj nos da je pomiriše, i tad se on gubio u njenom gustišu i šumno šmrkao.

Setili su se i prvog poljupca. Bilo je to onda kad su sedeli priljepljenih obraza i osećali kako im gore; gledali su negde ispred sebe u livadu, a u stvari pogled im se mutio, kao da su dobijali slepilo; potom su im se usne spojile, kao užarene žiške; rumenilo obraza prešlo im je na tela i počela je da ih hvata vrtoglavica, ali prijatna kao od prvih gutljaja alkohola.

Pri svakom novom susretu, Boguletu se činilo da se Zlata menja, da postaje zrelija, rasnija; posmatrao ju je krišom i primećivao da se svaki deo na njoj menja: grudi joj postaju šiljatije, kukovi obliji, kosa duža, korak sigurniji, hod čvršći, pogled ozbiljniji, lice punije, zagrljaji topliji. I Zlata je njega krišom posmatrala i primećivala slične promene.

I tog jutra Bogule je ustao ranije i otišao da je vidi. Jutro je bilo čisto, prozračno. Pogled je stizao i do najudaljenijih predela; jasnoća se povećavala sa pojavom sunca koje se dizalo iznad brda i koje nije bilo ni previše crveno da baca purpurnu svetlost, ni previše jarko da zasenjuje oči i podstiče isparenja.

Polje je imalo izrazito zelenu boju koja se prelivala u razne nijanse što su dolazile od useva u njivama: od pšenice, raži, kukuruza, deteline, trave. Sa brežuljka izgledalo je prekrasno. U tom šarenišu od zelenih nijansi ocrtavala se samo jedna ženska prilika u beloj haljini i činilo se da je sve to samo jedno veliko slikarsko platno. To je bila ona Zlata. Bogule ju je poznao po haljini. Srce mu je zaigralo i on je potrčao prema njoj.

Trčao je kao da lebdi, kao da ne gazi po zemlji, kao da ima krila, kao da ga vetar nosi: preskakao je jendeke, međe, mlado žito kao da nije gazio, kao da ga je samo dodirivao stopalom, trčao je kroz njive i livade tražeći najkraći put i, kad je stigao do nje, nije imao ni daha ni snagu — ispružio se pored nje: legao je na leđa dišući i dašćući halapljivo; i ona je počela da diše ubrzano uplašena njegovim iznenadnim istrčavanjem iz kukuruza. I krava koju je Zlata napasala bila se uplašila i podigla je glavu. „Uh", dahtao je on, „Uh", dahtala je i ona.

— Kako si me našao?
— Tražio sam te kod kuće...
— Primetio sam te sa brežuljka... — uzeo ju je za ruku i privukao je k sebi. Ona je sela pored njega i naslonila svoje grudi na njegova prsa: lupanje srca im se spojilo — postalo je jedno. Osetio joj je dah, opojni miris njenog tela, njene kose, i još više ju je privukao k sebi; potražio joj je usne, spojili su ih i zažmurili, želeći da taj trenutak zadrže večno.

Dugo su slušali svoja raspojasana srca.

Celo popodne su proveli u livadi, osećajući kao da se nalaze u nekom usamljenom rajskom kutku koji nije dostupan ničijem pogledu.

Obećavajući vernost jedno drugom, Bogule joj je dao prstenčić koji je kupio od uličnog prodavca. Ona, posmatrajući kako joj stoji na ruci, kako blešti na suncu, treperila je od radosti. Prstenčić je osećala kao deo njega, kao deo njegovog srca.

Vernost su još više učvrstili kad su se vraćali kući provlačeći se kroz gustiš, kad su se ogrebli. Tad je on liznuo njenu krv, koja je potekla iz ogrebotine na njenoj ruci, a ona njegovu. Tad su i telom i dušom postali jedno.

XXVII

Jednom je Bogule, dok mu je majka radila u polju, u svoju kuću doveo Zlatu i odveo je na tavan da joj pokaže šta sve ima gore, gde najčešće provodi vreme. Jedan deo tavana bio je ispunjen knjigama i stvarima koje su preostale u očevoj laboratoriji — stočić za čitanje i pisanje, tronožac, slamarica, fenjerčić obešen o gredu, čokoladne sličice glumica pričvršćene za gredice, veliko ogledalo od poda do krova oslonjeno o jedan direk. Ono je i najviše, privuklo Zlatinu pažnju. Drveni ram je bio star, istrulio, a ono na više mesta oljušteno i prošarano mladežima kao Boguletova koža, ali se čovek još uvek mogao u njemu ogledati i to ceo, od glave do pete.

— Otkud ti ovo ogledalo?
— Od oca...

Stajala je ona ispred njega i ogledala se. Ogledala se i pipkala rukama lice i telo. Posmatrajući svoje noge, zadigla je malo haljinu da ih vidi i iznad kolena, zatim se malo okrenula da ih vidi i s boka.

Bogule ju je uzeo za ruku i odveo do postelje. Seli su a Bogule je uzeo jednu očevu knjigu i počeo da joj čita. Ali nju kao da nisu zanimale knjige i ono što je on čitao: stalno je buljila u ogledalo.

Kad ju je sledećeg puta doveo, ona je ponovo stala pred ogledalo i ponovo počela da se ogleda. Sad je haljinu još više zadigla i počela da zagleda butine koje su bile slepljene kao obraz uz obraz.

Uhvatila se za struk i počela da se pokreće levo-desno kao balerina. Bogule joj je prišao i iznenada poljubio.

— A? — otelo se njoj dok je buljila u ogledalo.

— Lepa si — rekao joj je on i uzeo za ruku i odveo do postelje. Potražio je neku drugu knjigu i počeo da joj čita. Ali ona opet nije obraćala pažnju na ono što joj je čitao i nije skidala pogled sa ogledala.

Kad ju je treći put doveo, ona je opet zastala pred ogledalom i počela da se ogleda zadižući haljinu čak do pupka. Pogledala se i uzbudila. Uzbudio se i Bogule; prišao joj je i rekao:

— Što se sasvim ne svučeš, pa da se lepo vidiš...

— Ne — rekla je ona.

Ali on joj je već bio dohvatio haljinu i pokušavao da joj je svuče. Ona ju je stezala rukama i htela da je zadrži. Ali on, posle nekoliko pokušaja, izvukao joj je iz ruke i svukao: njeno telo se ukazalo kao tek procvali pupoljak. Svukao se i on i oboje su počeli da se ogledaju u ogledalu. Ogledali su se i drhtali od uzbuđenja, od nenadne groznice. Osećali su kako im krv ključa, kako kipi i kako se preliva kao pena uzavrelog mleka po telu; pribili su se jedno uz drugo i sve im se pred očima zamaglilo.

I tako, čim bi njegova majka otišla nekud iz kuće, on je Zlatu dovodio na tavan i dugo s njom stajao ispred ogledala. Bili su omađijani njim i dugo su se gubili u njemu.

Posle izvesnog vremena ona više nije izlazila i nije se odazivala na njegovo dozivanje i zviždanje. Pomišljao je da nije kod kuće i tražio ju je na sve strane; penjao se na brežuljak, piljio u polje, u njenu njivu, ali nje nije bilo; vraćao se njenoj kući i nastavljao da zviždiće u voćnjaku, da baca kamenčić u prozor njene sobe.

Danima se vrzmao oko njene kuće i nastojao da je vidi. Kad je pomislio da je bolesna i kad je skupio hrabrost da uđe u kuću, ona je izišla i rekla mu:

— Nemoj da dolaziš više... — i požurila je da uđe unutra. On ju je uhvatio za ruku, zbunjen, začuđen:

— Zašto?

Ona je ćutala.

— Kaži zašto... Molim te... — stiskao joj je ruku.

— Videli su nas roditelji i zabranili mi da te viđam...

— Zašto? — zgranuo se on.
— Zbog tvoje bolesti!
On se ponovo zgranuo. Lice mu je pobledelo.
— Prošla mi je... Ne ustajem više... Veruj mi...
— počeo je da je miluje, ali ona je izvukla ruku.
— Ne smem... — rekla mu je suznih očiju i ušla u kuću.
Boguletu se lice zgrčilo. Steglo ga je nešto u srcu, u duši.
Nije imao mira. Stalno je dolazio, tražio da je vidi, ali ona nije izlazila.

Često je šetao oko sela, obilazio voćnjake i šumu, posećivao je plevnje i koševe, išao svuda gde su išli zajedno, osećao je njen dah kao da je tu i kad bi mu nešto zasenilo mislio je da je ona — i naglo se osvrtao, ali i senka je naglo nestajala, tako da od nje nije bilo ni traga ni glasa; sedeo je na onim istim mestima i predmetima gde su sedeli zajedno, zatvarao je oči i stvarao sebi iluziju da je tu pored njega i da ćuti, kao što je inače činila kad su dolazili trenuci da se zagrle i poljube.

Kasnije je omrznuo sva ta mesta, jer mu se činilo da mu se svete i da namerno izazivaju njegovu tugu.

Izmučen, sanjao ju je često i, tako u snu, bol se stišavao, tuga bledela. Sanjao je kako ga ona opet čeka u polju u onoj istoj haljini što blešti na suncu i kako mu maše rukama, kako ga doziva: on je jurio k njoj, preskakao jendeke, međe, žbunove, probijao se kroz visoko žito, ali nikako da stigne do nje. Od uzbuđenja se budio i još nerasanjen upućivao prema brežuljku, penjao se i piljio u polje, zurio u ono isto mesto odakle mu je malopre u snu mahala, ali nje nije bilo. Grčio se i dugo stajao tako zbunjen.

Sanjao je kako odlaze na venčanje: ona u onoj istoj beloj haljini, sa belim venčićem na glavi, a on u crnom odelu — u odelu njegovog oca koje je oblačio samo u svečanim trenucima ili kad je odlazio na neki naučni skup; odelo mu je veliko, a šešir mu pada na oči pa mora stalno da ga diže. Držao je Zlatu za ruku i s vremena na vreme zagledao se u prsten koji joj je dao nekad u livadi, ali on je sada bio ružan: svetlucavi kamičak je bio ispao, a na prstenu je bila ostala rupica kao od izvađenog zuba, ili kao duplja od iscurelog oka.

„Gde je kamičak?", pitao ju je Bogule uzbuđen.

„Istopio se; istopio se od sunca..."

Bogule se čudio: „od sunca?!"

Stajali su pred matičarem, čekali da ih venča, ali on je gledao u njihova dokumenta i govorio im:

„Ne mogu da vas venačam: još ste maloletni... Nemate dovoljno godina..."

Bogule i Zlata su se zgranuli.

„Ja tvrdim da mi je sin punoletan", kazala je njegova majka.

„I ja tvrdim da mi je ćerka punoletna", nadovezala se i Zlatina majka.

„Vaše tvrdnje ne važe", kazao im je matičar. „Dokumenti su važni!"

„Kako ne važe naše tvrdnje?", pobunile su se njihove majke, „ko je njih rodio? Ako mi ne znamo..."

„I kad bih hteo, ne mogu da vam verujem", rekao im je matičar, „moram da radim po zakonu..."

One su videle da je sve uzalud i dale se u plač. Počeli su da plaču i Zlata i Bogule. Bogule se probudio sa suzama na jastuku.

Kad je pretpostavljao da Zlata mora da iziđe iz kuće u dvorište ili da ode nekud, satima je sedeo sakriven iza ograde dvorišta i čekao; ponekad je uspevao da je vidi, pa čak i da je susretne, da je podrži bar trenutak za ruku i da joj kaže, da joj se zakune u sve najdraže — da mu je bolest prošla, da više ne ustaje noću, ali ona je ćutala ili grcajući u suzama govorila:

— Ta bolest ne prolazi... tako kaže tata.

Bogule je činio napore da je sretne, da je razuveri, ali jednog dana njen otac je primetio da se šunja oko kuće i počeo je da mu preti:

— Ako te još jednom vidim da dosađuješ mojoj ćerki, sveg ću te polomiti...

Bogule se više nije vrzmao oko kuće, ali je nastojao da je sretne negde na putu ili da je nađe samu u njivi, nadajući se da će se ona promeniti, da će se pokajati, da će razmisliti, da će uvideti da je loše postupila i da će se složiti da njihova ljubav i dalje traje kao što je trajala, srećno.

Nadao se da će se promeniti sve do onog dana kad ju je sreo usred sela i kad je, dok ju je držao za ruku, primetio da više ne nosi njegov prsten.

— Gde ti je prsten? — upitao je.

— Bacila sam ga — rekla mu je ona i izvukla ruku.

— Prokleta bila! — hteo je da se izdere, ali je stisnuo usne i progutao reči. Osetio je da će te reči i nju i njega jako zaboleti.

Od tada je izgubio svaku nadu.

U trenucima jeda i očaja pomišljao je da se osveti njenom ocu i da ga ubije. Pravio je i plan kako to da izvede, koji način da odabere: da uđe noću u njegovu kuću i da ga ubije dok spava. Ali kako da uđe? Razmišljao je da ga sačeka kad ide u polje i da ga upuca pištoljem. Ali gde da nađe pištolj? Razmišljao je da ga lupi iznenada sekirom po glavi, ali kako to da izvede, a da on ne bude brži od njega i ne spreči ga. Razmišljao je, birao načine, ali nije mogao da odluči.

Činio je napore da ne misli više na Zlatu, da skrene misli na nešto drugo, da je izbriše iz glave kao da ne postoji, kao da je nikad nije upoznao — ali nije mogao: odvlačeći svoje misli od nje, one su se sve više vezivale za nju. Lupao je glavu šta da učini, kako da je uveri, kako da je ubedi da više ne ustaje noću? A i ako se desi da ponekad ustane, šta ima loše u tome. Nikakvo zlo nikome nije naneo. Doktor Tatuli kaže da mnogi ljudi boluju od ove bolesti, ali nekima se događa i danju, onako budni da koračaju zaneto, zamišljeno, da se kreću i rade stvari koje im ne dolaze iz svesti, nego tako mehanički: bulje, a ne vide, slušaju, a ne shvataju, odsutni su — sve dok neko ne vikne na njih ili ih ne povuče za ruku i ne izvuče ih iz te zanetosti...

Ponovo je nastojao da se vidi sa Zlatom, ali i poslednju trunčicu nade je izgubio kad ga je presrela njena majka i odbrusila mu:

— Mani se, dete, jednom moje ćerke...
— Zašto? — prošištao je on. — Volim je...
— Ne mogu da dozvolim da joj kidaš srce kad se noću šetaš po krovovima... — rekla mu je ona ljutito. — Bilo je slučajeva da su takvi kao ti davili žene... nesvesno... u snu...

Od toga dana Bogule je prestao da je juri i zatvorio se na tavanu. Sve vreme je tu provodio. Ali i tu nije mogao da nađe mira i spokoja; sedeo je na tronošcu, ustajao, uzimao knjige da čita, otvarao ih i opet zatvarao; ležao je u postelji i opet ustajao, šetao se po tavanu tamo-amo, nije mogao ništa da uradi, ničim da se uspokoji. Ogledalo mu je hvatalo sve te pokrete — odslikavajući ih i radeći sve ono što on radi: sedi, ustani, šetaj, pripali cigaretu, zgazi je nogom, uhvati se za glavu, osloni se laktom, grizi usne... Bogule je zgrabio tronožac i razbio ogledalo u paramparčad. Seo je da se smiri ali nije mogao.

XXVIII

Kala je najzad ponovo zatrudnela, i to sasvim pouzdano. Dukle je leteo od radosti; stalno ju je pipao za trbuh, osluškivao i proveravao kako raste plod, kako napreduje. Povremeno je zvao babicu Vendu da je vidi, da proveri, da im da neki savet. Babica je proveravala, gledala kako plod napreduje, ali stalno ju je mučila pomisao: šta je bilo sa onim njenim ranijim plodom; da li je ostao u njoj, istopio se, ili je onda bila lažna trudnoća, kakve se često događaju kod žena, naročito kod onih koje imaju preveliku želju da imaju porod i koje — obuzete time i psihičkom prenapregnutošću — ponekad umišljaju da su zatrudnele: javljaju im se slični znaci kao i trudnim ženama: bolovi u stomaku, u krstima, gađenje, povraćanje, poseban apetit, nesanice, osećanje da im trbuh raste...

Kad je došlo vreme da se porodi, Kalu su spopale one iste muke što ih je imala i ranije: tresla se od groznice i od jakih bolova dolazilo joj je da počupa kosu. Dukle se uplašio da joj se ne dogodi isto što i ranije, pozvao je doktora Tatulija, on ju je pregledao i naredio da se odnese u Gradsku bolnicu. Odneli su je u bolnicu. Dugo vremena lekari nisu mogli da izvade plod. Napravili su joj carski rez i izvadili dete živo i zdravo. Ali pri operaciji su se začudili: u njoj su pronašli i onaj raniji plod — začet van materice: nemajući uslove da se normalno hrani, kad je dostigao određenu veličinu on je uginuo. I tokom vremena, košuljica kojom je bio omotan počela je da se stvrdnjava, da se obrazuje ljuska a plod da liči na veliko jaje. Zbog velike debljine, Kala to nije osećala. Videli su lekari da je reč o *litopedionu*, koji se kod vanmateričnih trudnoća javlja veoma retko. Taj skamenjeni zametak odmah su poslali u medicinski institut na ispitivanje.

Kalino dete, koje je moglo da se rodi samo carskim rezom bilo je toliko krupno, da se činilo da će početi da hoda; čak na prednjem delu vilice kao da je imalo i zubić, jer dok je dečak sisao ujedao je i Kala je vrištala.

Posle oporavka od operacije, Kala se vratila u selo i njena je kuća vrvela od poseta. Seljaci su bili radoznali da vide bebu sa zubićem i da se podrobnije raspitaju o onom skamenjenom zametku koji su joj izvadili.

To što se dogodilo Kali bio je najuzbudljiviji događaj u selu posle gašenja vulkana.

Potom je usledio drugi: Boguleta je prošao strah koji se bio u njemu ugnezdio posle vešanja pritropa Andra. Dobio je neku hrabrost, i počeo da priča sve ono što je dotle skrivao, da objašnjava istinski razlog za nesreću pritropa Andra: o ljubavi koju su tajno vodili njegova žena Andrica i Oruš. Kad su saznali, ljudi su se uzbudili. Neki mu nisu verovali. Ali Oruš, kad se jednom opio, sam je priznao:

— Da, tako je bilo — rekao je. — Ali ja nisam za sve kriv... Hteo sam da joj pomognem... Jer me je njegova žena Andrica, koja nije imala sa njim decu, stalno molila da proba sa mnom, da vidi da li može da zatrudni... da vidi da li je zaista jalova...

Posle otkrivanja ove tajne, otkrila se i druga: Milova žena, kad je jednog dana polomila kovčežić svekra Ilka, da ne bi od njega ostalo ni traga ni glasa, među sitnicama unutra primetila je i jedno pismo. Kad ga je pročitala, skamenila se. U njemu je Ilko pisao: „Ne želim tajnu da ponesem sa sobom u grob: i Metodija Lečoski, drvoseča, što liči na mog sina Mila — moj je sin... To tvrdim ne samo zbog toga što liče jedan na drugog, kao jaje jajetu, jer ima mnogih primera da ljudi liče jedan na drugog (i ja sam sretao ljude koji liče na mene i štrecao sam se pri takvim susretima) — nego i zbog ove činjenice: dok sam bio mlad, voleo sam majku Metodija Lečoskog i imao s njom bliske odnose. Ali njena porodica se nije slagala da se uda za mene, i ona je uzela drugog, a ja drugu. Ona je ubrzo posle toga rodila dete koje su krstili Metodija, prema dedinom imenu. Kad se meni kasnije rodio sin Mil i mi smo ga krstili prema dedinom imenu, Metodija. Ona je znala da je to dete moje, ali je krila. A i ja sam krio. Kad sam se ponovo vratio u selo, počelo je to da me muči i ja sam jednog dana rekao njegovoj majci. Ali ona je zaplakala: ,Nemoj da mi rasturaš kuću, nemoj da mi upropastiš porodicu...' Bog da joj dušu prosti, umrla je a da nikome ništa nije rekla, ponela je tajnu sa sobom... ali ja moram da kažem, da olakšam duši..."

Milova žena umalo da padne u nesvest. Pismo je zapalila, ali dugo nije mogla da dođe sebi.

Kasnije su joj se zaređala i druga uzbuđenja: jednog dana Bogule je nestao. Tražili su ga na sve strane, ali njega ni od korova. Umalo da poludi. Prolazili su dani, a od njega ni traga ni glasa.

Posle mesec dana javio joj se iz Italije. Pisao joj je da je živ i zdrav i da je sa nekim svojim ranijim drugom iz internata. Granicu je prešao ilegalno i sad se nalazi u privremenom logoru, u kojem će provesti izvesno vreme, a onda će otputovati u Ameriku.

Njegova majka je čitala pismo i ridala: koliko ju je radovalo to što je živ i zdrav, toliko je rastuživalo to što nije tu, što se otisnuo u svet.

— Uh, uh... — uzdisala je ona plačući — bojala sam se da ne pođe očevim, a on je pošao dedinim stopama...

Bogule se javio pismom i Zlati. Pisao joj je: ,,Hvala ti što si zaboravila na sve i što si pogazila našu ljubav... Ali svako zlo ima i svoje dobro. Želim ti sreću u braku. Moj deda Ilko je često govorio: 'Nema dva dobra na istom jastuku...' Govorio je, takođe, da je čovek bez bola — prazan čovek... I ja sam odabrao svoju sudbinu — svet..."

Čitajući pismo, Zlata je primetila na njemu kap krvi, sasušene. Podsetila se one krvi kad su se ogrebli u trnju i kad su je pomešali u znak vernosti — i briznula u plač.

Zatim je Milova žena dobila pismo od nekog udruženja gde je bio Mil učlanjen. Tražili su da im pošalje teoriju o otkrivanju karaktera čoveka prema njegovom hodu.

Ona je pročitala pismo i pocepala ga, kao što je pocepala i Milov notes *Veritas* u kojem je bio zapisao tu teoriju.

Onda joj je stiglo i drugo pismo poslato iz Uprave groblja u Bristolu, u Engleskoj, adresirano na Ilkovo ime, u kojem traže izjavu, da kaže da li želi da mu se i dalje čuva parcela na groblju, koju je svojevremeno, sa sada pokojnom gospođom Anom, zakupio, jer je vreme dogovora za čuvanje parcele isteklo.

Tu parcelu na groblju u Bristolu Ilko je zakupio sa gospođom Anom koju je upoznao u banji u Bristolu, gde se lečio od reume i koja ga je povela da živi s njom i zavolela ga toliko da nije htela da se rastane s njim ni u smrti. Ali uginule ptice pokvarile su tu ljubav.

— O, bože! — kriknula je Milova žena. — Ovaj mi čovek ni posle smrti ne da mira. — Vratila je poštaru pismo i odbrusila mu: — Neka ga traže na onom svetu...

I krečar Oruš je nastavio da dobija pisma od svog brata Taneta u kojima mu je sve isto pisao: da dim, iako je stao, nije odneo opasnost sa sobom, da je vulkan opasna zver i da će izbiti kad se ljudi najmanje nadaju i očekuju... — ali Oruš pisma nije otvarao, nego ih je, onako neotvorena, bacao u vatru.

Slao ih je Tane još dugo, a onda prestao. Proneo se glas da je poginuo od groma. Nije ga udario direktno, ali je dobio srčani udar kad je grom pao u njegovoj blizini.

Ljudi su rekli: smrt je bila pošla za njim, ali se nije znalo gde će ga stići.

Selo su uzbudili i dućandžija Cvetko i njegova žena Cvetkovica. Ona — tugujući stalno za sinom, presvisla je od tuge. On je zatvorio dućan. — Nek ide sve u božju mater! — rekao je — nemam više za koga da radim. — Počeo je da skita oko sela, da pretresa planinu; obilazio je crkvenu ogradu koju su podigli on i žena i lupao krampom da je poruši; skidao je kapu, dizao glavu prema nebu i vikao: — Bože, da ti se ime satre! Da sam znao, umesto tebi — đavolu bih sina posvetio...

To je bilo sve što se dogodilo u selu posle prestanka dima. Oslobođeni straha, od more što ih je grizla, ljudi su disali spokojno, bezbrižno, osećajući se kao da su zbacili sa sebe neki ogroman teret, kao da su iscelili neku tešku bolest. Nestale su nesanica, glavobolja, vrtoglavica, nervoza.

I priroda kao da se smirila: nestala su vruća leta, nestale su ledene zime. Nije bilo ni besnih vetrova, ni plahih kiša. Ni nebo više nije pritiskalo kao što je nekad pritiskalo kuće i ljude. Iščezle su i čudovišne senke dima koje su milele ponad sela i zavlačile se u dušu ljudi.

I kao što je prolazilo vreme, život je postajao jednoličan, monoton, prazan — bez onih uzbuđenja, nespokojstava, napetosti, neizvesnosti, koje je donosio dim.

Ali to se njima samo tako činilo. Jer, i pri najmanjem potresu, pri najmanjem podrhatavanju zemlje, pogled im je sam skretao ka *duvalu* i oni su molili boga da se to što su prevalili preko glave — nikad više ne ponovi.

DOSLEDNOST JEDINSTVENOM STVARALAČKOM OPREDELJENJU

Roman Jovana Strezovskog karakteriše srodnost strukturalno--značenjskog aspekta; on je dosledan određenom stvaralačkom konceptu i svojom usredsređenošću rustikalnom ambijentu. Njegovo pripovedanje se zasniva na korišćenju realističkog pripovedačkog postupka. U svakom romanu (*Sinovi*, 1968; *Voda*, 1972; *Sveto prokleto*, 1978;) *Zaricanje*, 1981; *Strepnja*, 1986) dograđivao je ovakav postupak, smanjujući autorski komentar, ili ga, pak, preinačavajući (metaforizovanje pripovedanja), zatim akcentirajući portretizaciju junaka i vodeći računa o posebnosti ambijentalnog plana. Strezovski je pisac koji teži tematskoj dovršenosti i lakoći kazivanja.

Novele kao estetske konstante

Jovan Strezovski obrađuje ideju zemlje na poetički drugačiji način od Taška Georgievskog. On ne zadržava onu narativnu povezanost niti motivsku naglašenost kojih ima u romanima spomenutog autora; u romanu *Sveto prokleto* funkcija pripovednih jedinica je osamostaljena; jedinstvo romana održava se unutarnjim tematskim spajanjem priča o različitim sudbinama junaka. Nema glavnog junaka; autor uporedo prati više ličnosti, daje isečke njihovih egzistencija, naglašava psihološku posebnost. Njegovo pripovedanje ima problemski karakter; motiv *prokletstva* proističe iz ukupnog egzistencijalnog plana junaka. Oblikovan je kao određena opsesija: tako je, recimo, opsednut mišlju da kupi celu obalu; potenciran je motiv nasleđa, jer ovaj junak realizuje istovremeno i očevu želju, ali s većom strašću. Drugi junak, Maruš, nastoji svim silama da spase bolesnog sina. Naglašavanje individualnog i posebnog postiže se anegdotskim pripovedanjem. Za razliku od simboličkih iskaza suštine određenog realiteta, ovim drugim postiže se usaglašavanje formalnih i značenjskih činilaca. Način na koji su priče organizovane svedoći da je Strezovski pisanju romana pristupio kao pripovedač. Zanemario je ujednačenu, celovitu sižejsku liniju, tako da simboli postaju sinonimi za kompozicijsko jedinstvo.

Svoje umeće pripovedač Strezovskog iscrpljuje zaokruživanjem priča. Srećom autor je izbegao da ih po svaku cenu, mehanički, spoji; saglasnost je uspostavljao vremenskim, prostornim i simboličkim planom. Priče su realistički ispričane. Svaka od njih stupnjevito pomera motivski tok; u središtu svake je etički problem. Umesto umnožavanja planova jednog događaja, Strezovski umnožava događaje mimo jedinstvene fabule. Kada se realistička ravan priča postavi prema imanentnom smislu slikarevog dela (pa i Stolpnikovog života!) i prema smislu motoa uzetog iz *Upanišade*, jasno je da svaka od njih ima, u slobodno obrazovanoj kompoziciji, svoje mesto i da se ispod njihovih realističkih površina formira zanimljiva stepenasta simbolika. Roman postaje simbolička projekcija ljudskh sudbina, smisla postojanja; osećanje života je tragično. Junaci su svesni svoje nemoći, svoje netrajnosti; ova ideja osnažena je i uvođenjem ratne motivacije kao sile razaranja.

Strezovski stalno naglašava identifikaciju čoveka i prirode, čoveka i objekta, čoveka i zemlje. U raspletu pojedinačnih sudbina dovršava se simbolička relacija. ,,*Korenot* ja sugerira svesta za čovekovata vrzanost za platoto, za neophodnosta od takvo sigurno tle koe ke go zasvedoči i osmisli negoviot opstanak." Inače, smisao korena utemeljen je i u prethodnom romanu ovog autora (*Voda*, 1972), ali je podređen centralnom simbolu — vodi, oko čijeg se smisla učvršćuju sva ostala značenja.

Individualne sudbine zahvaćene su vlastitiom necelovitošću, potiskom nagonskog, atavističkog. Epizode čine oštrijom sliku žitova. Fabula je uslovna: pričama su ostvarene varijacije istoga stanja, načina postojanja. U relaciji simbola *korena* ugrađene su različite individualnosti kao što su, recimo, Canul i Grdan. Nad prvim vlada žena; ona je u njemu otrovni koren. Drugi opstajanje vidi u povratku zavičaju; međutim, sukobljava se s nezajažljivom Profimovom strašću za zemljom. U trenutku kada uvidi da će izgubiti svoj komadić zemlje i time biti iskorenjen, odlučuje se na zločin. Pripovedač pažljivo raščlanjuje kontrasna značenja. Junake izdvaja kao individualne posebnosti; postoji nešto kobno i dvosmisleno u njima. Oni su deo opšteg prokletstva i, narativno izdvojeni, narušavaju panoramsku sliku, urezuju reski subjektivizam.

Životi junaka određeni su unutranjim imperativima. Junaci nisu razvijeni u procesu radnje; pripovedač iskazuje kulminacione, prelomne trenutke njihovog opstajanja, intenzivira psihološku motivaciju. Oni u sebi nose klice sukoba. Priče u romanu dograđuju, dopunjuju ideju romana, a junaci su nosioci samosvojnih ali i zajedničkih životnih značenja. Njihova odbrana od smrti zasnovana je na iskonskim vrednostima života. Simbol *korena* preobražava se u simbol kuće, koja je „eden mal, opipliv kosmos i gospodarot na toj kosmos e domaćin — sopstvenik". Ovaj simbol je najpotpunije ostvaren u epizodi, o Bandu. Treći simbol *zemlja* najpotpuniji je; on je vezivni; preko njega se ostvaruje i poslednji: *stabla*.

Zanimljivim svođenjem realnog u simboličko, usaglašavanjem epizodnog sa celinom dela, spoljnog i unutarnjeg, prevođenjem epskog govora u lirsku sliku, Strezovski je učinio da umetnička sugestivnost dobije u snazi i autonomnosti.

Snaženje ideje destrukcije

Opšte viđenje sela autorski pripovedač u *Zaricanju* kombinuje s junakovim individualnim reagovanjem; tematiziranje sudbine ostalih junaka izvršeno je novelistički. U prvi plan izbija motivacija koja snaži ideju destrukcije; junakovu egzistenciju autor prati na zajedničkom planu i na planu njegovog otpora. Junakova psihološka motivacija zadržava svoju jedinstvenost, pravce početnog usmerenja, a uvođenjem novih junaka dinamizirana je realistička slika beznadežnosti. Svaka priča, svojim značenjem korespondira s opštim tematskim planom, uvećava dramatičnu gustinu ideje relativizma i krajnje sintetizovano problematizuje određenu sudbinu, određen stav prema životu.

Sudbine junaka osnažuju simboličku funkciju *korena*; za trenutak, pri susretu sa zavičajnim podnebljem, njihovo opstajanje dobija snažnu antropološku karakteristiku, kratku izvesnost ljudske slobode i neizbežno lice fatuma. Slikanjem čoveka u elementarnim uslovima života Strezovski dospeva do suptilnih saznanja o ljudskom fenomenu. Sudbinske istorije ugrađene su u procepe protivurečenog realiteta, čije su krajnje tačke, kao i u prethodnom romanu, *svetlost* i *prokletstvo*. Određena umetnička tendencija utiče da autor pojedinim junacima daje više prostora no što oni zaslužuju. U prethodnom romanu ova je tendencija bila prisutnija.

U romanu *Voda*, plan podvajanja strasti predstavljen je deduktivnim zahvatom. To je roman o iskonskoj svađi između dva sela (Suševa i Kamenova) oko vode, stalnog principa života. U *Zaricanju* je razrađena tragična vezanost junaka za zavičajni prostor. Pažljivim registrovanjem odnosa junaka prema ambijentalnim vrednostima iskazan je dualizam bića, smisao i bit čovekove egzistencije, prelivanje stvarnosti i iluzija; zavičajni lokalitet je katalizator dubinskih slojeva ličnosti i prokletstva koje se ne može izbeći.

U romanu postoji okvirna priča i *uvođenje / reprezentovanje/* pojedinih indivudualnosti. Tako se obrazuju *skice / priče / portreti*. Pripovedač ističe da detalj i konkretni plan opstajanja. Fabula romana je jednostavna; radi veće uverljivosti pripovedanja autor u prvo poglavlje uvodi izvesnu dokumentaciju, podatke o selu. Potom se iznova vraća ideji *koliko života — toliko sudbina*. Ovu ideju povremeno dovede do snažne autonomnosti, ali je najčešće koristi za grananje priče i snaženje tematske ravni dela. Na taj način povest o aktantu ne ostaje jedino u okviru razrešenja apsurdne situacije. Logika pripovedanja razvija se i na zakonitostima suprotnosti; tako na jednoj strani imamo neprekidnu seobu ljudi, a na drugoj plodnost Ciganke Manuše.

Strezovski teži raznostrasti tragične realnosti. U radnji romana pravi promišljene dopune, zaokrete; pojačava dramsku napetost. Tematska kompozicija dobro je upotpunjena realističko-psihološkom motivacijom. Autor je dosledan u ostvarivanju sižejne linije. U prvom predstavljanju događaji i ličnosti su tek naznačeni, a potom se radnja i portreti upotpunjavaju. Između zdanja i ljudi postoji jednakost u obeležjima destrukcije i unutarnje praznine. U *Zaricanju* pleni lakoća pripovedanja, jednostavnost motivacije, zapleta. U metafori je sažeta suština života, postavljene su osobenosti poetskog pripovedanja.

Poetsko osećanje sveta i egzistencija

Tendencija ka posebnosti sveta junaka, preimućstvo mikrouniverzuma i hronotopska saglasnost povezuje *Strepnju* s prethodnim romanima. Novina se ispoljava u povezivanju mitske dimenzije s konkretnom atmosferom i bizarnim realitetom pojedinih junaka (Mil, Ilko i donekle Bogule). Pripovedanje ima hronološku osnovu, upotpunjenu dopunskim storijama, epizodama. Strezovski izbegava žanrovsku čistotu dela; i ovaj njegov roman neosporno proizlazi iz novele, bez strogih formalnih ograničenja, s paralelnim, pažljivim rasprostiranjem značejsko-fabulativnih niti. Autor se iznova opredeljuje za junake koji teže proširivanju svoje ljudske suštine i postizanju određenog savršenstva; ovaj momenat je dosta uspešno ugrađen u slojeve podtekstne sugestije. Strezovski za-

nemaruje početne intencije ka hronici sela, i opredeljuje se za neku vrstu hronike porodice Lečoski.
Uvodeći junake zahvaćene određenom opsesijom, pisac, razumljivo, tome podređuje motivaciju; izmene postaju vidljive već od drugog poglavlja. Umesto jednog, Strezovski uvodi više glavnih junaka; njegov autorski pripovedač nije izrazito ni objektivan niti distanciran: prezentuje poetsko osećanje sveta i sudbina. Zahvatanje realnosti je fragmentarno i bez tendencije da se obuhvatnije prikaže socijalni milje. U romanu nema opširnih opisa, i izraženo je opredeljenje autora za *atipične* junake; naracijom se oživljavaju takva njihova ponašanja, sudbine. On ima i dobru opservaciju i smisao za funkcionalne motive, koji u romanu nisu samo građa, već se mogu prihvatiti i kao konstrukcijski činioci dela.

Usmeravanje portretizaciji junaka

Početni prizor u romanu ima biblijski karakter; pripovedač opisuje kako danima kiša pada i „nije se znalo šta je nebo a šta zemlja". Nizom detalja uokviruje sliku potopa u selu, koja traje sve dok se nije „nebo iscedilo". Život će krenuti svojim tokom. Ali ne zadugo, jer će druga elementarna pojava, zemljotres, učiniti da iz nekadašnjeg vulkanskog kratera, pored sumporne vode i pare, počne da izbija i dim. Sliku potopa zameniće predanje o tome da „vulkan potiče od zmaja". Poslednja rečenica prvog poglavlja otvara psihološku dimenziju strepnje, dakle onog momenta po kojem će čitav roman dobiti naziv.

Zanimljivo je da su ideja, a i atmosfera, postavljeni na zanimljivom likovnom i značenjskom sklopu, sukcesivno obogaćivani uvođenjem i osamostaljivanjem novih junaka i zbivanja iz njihovih života. Sam motiv o vulkanu postavljen je kao određen uzročnik nesvakidašnjeg ponašanja ljudi; on ima i okvirnu funkciju u delu. A uvođenjem druge vizije dolazi do njegovog preosmišljavanja tako da u prvi plan izbija projekcija egzistencijalne strepnje u junacima. S ovom izmenom događa se još jedna: uvođenjem drugačijih sadržajnih i intertekstovnih odnosa iščezava pripovedač-hroničar.

Kao i u ranijim romanima Strezovski ne teži fabulativnosti, već posebnosti psiholoških ravni junaka. Presudnim se, za kvalitet dela, pokazuje postupak izdvajanja povesti o junacima i insistiranje na neobičnom i tragičnom. Pripovedač suptilno uokviruje doživljajno-emotivne niti, naglašava subjektivnu istinu junaka i njihov odnos prema životu i prirodi. Tako mitsko-nadrealni okvir o vulkanskom krateru i legenda o nazivu sela bivaju zamenjeni pričom o Milu Lečoskom, koji se, tobož, bavi naukom, tj. „stvaranjem žive materije veštačkim putem..." Celo drugo poglavlje ispunjeno je detaljima vezanim za ovakav junakov eksperimenat. Istovremeno, treba istaći, autor upotpunjuje i polazne tačke u građenju fabule. Pripovedanje ima informacijski karakter. Izbegnute su ironijske konsekvence, što je značajno za kasnije efektno prelamanje hipotetičkih sadržaja u delu, sa funkcionalnošću životnih činjenica. Primetno je da se Strezovski udaljava od romana hronike ka romanu ličnosti. Opšti plan biva potisnut u korist prezentacije individualno-subjektivnih sadržaja. Pri tom se menja i način uobličavanja literarne vizije. Autor unosi nove dimenzije u doživljaj sveta, bitno menja značenja i odnose. Specifičan ugao viđenja sveta donosi i preinačen pripovedač, koji narušava temporalno ustrojstvo fabule; kasnije se javlja i junak-pripovedač zanimljivog mentaliteta i pogleda. Strezovski neosetno naslojava mikro-strukture i sastavne sižejne delove. Prvobitna konstruktivna shema, gde je dominiralo predstavljanje opšte pojavnosti, razlaže se u tri osnovna narativna smera: u priču o Milu, njegovom ocu Ilku i sinu Boguletu. U prvoj je presudno ostvarena izmena intencionalnog jezgra; opšta strepnja je prevedena u junakovu strast za eksperimentisanjem i potom interizovana. U drugoj se ovo usmerenje univerzalizuje poetskom parabolom lutanja i postvarivanjem fikcije. Monotonost života na selu, naturalnost i banalnost zamenjeni su drugačijim viđenjima/pričama. Više se prožimaju realno i fiktivno. Ilkove priče postaju svojevrstan katalizator i otvaraju prostor simboličko-alegorijskog karaktera. Međutim, u trećem narativnom smeru, povremeno su umanjene ove tendencije u korist realističko-naturalističke predstavnosti.

Pripovedanje je usmereno portretizaciji junaka. Tokom celog romana Strezovski govori o bizarnim ličnostima i usaglašava i motiviše njihovo prisustvo u delu. On ne teži nekoj novoj poetici; snažnije je samoizgrađivanje i rafinovanje proznog iskaza. Prihvaćen koncept je neosetno učinio fleksibilnijim i sposobnim za prihvatanje novih značenja, odnosno za koncentraciju smisla. Autor zahvata određen presek realnosti i nudi simbolička i mimetička označenja. I to oprezno, i nenametljivo.

Govoreći o Milu, pripovedač će istaći da ga skoro niko nije shvatao; „seljani, ni ranije nisu obraćali neku pažnju na njega a naročito ne sada kad su bili izloženi svakodnevnom stahu, kad nisu znali šta će biti sa selom, sa njihovim životima." Momentom izdvajanja odmah je postavljen odnos opozitnosti.

Povezivanje otuđenih i bizarnih junaka vrši se po psihološko-egzistencijalnoj srodnosti i piščevoj orijentaciji da govori, uglavnom, o članovima porodice Lečoski. Tako je Milu jedino privržen njegov sin Bogule, koji pati od „mesečarske bolesti". Celo treće poglavlje posvećeno je ovom problemu. Istovremeno, ono se kristališe kao početna predstava o Boguletovom detinjstvu.

Uvođenje dopunskih doživljajno-spoznajnih projekcija

U četvrtom poglavlju počinje kombinovanje i paradigmatično osamostaljivanje motiva. U njemu je egzistenicja Milovog oca Ilka oblikovana, takođe, prema načelu izdvajanja; ovog junaka „nije privlačila ni kuća, ni imanje, ni žena, nego — svet." Ilko se u selu iznenadno pojavljuje. Dolazi iz „sveta kojim je dugo lutao". Vraća se, kako sam kaže, pre svega da *zatvori krug*. Otvarajući priču o njemu, pripovedač ističe „da je išao iz jedne zemlje u drugu" i da su ga u lutanju „povlačile i slučajnosti kojima se prepuštao kao otkinuta santa leda, kao list zahvaćen vetrom". I predstave bitnih semantičkih planova su poetizovane. Po ovom junaka svet je kao *ogroman vrh;* život je kao reka „sa mukama koje podnosi od izvora do uvira".

Uvođenjem ovog junaka u roman, autor „razara" već pomalo dovršenu povest o Milu i njegovoj porodici; takođe se proširuje i tematski plan dela. Pojava ovog junaka donosi nove sadržaje, refleksije. I fenomen atipičnog biva sagledan iz drugačijeg ugla. Pripovedni sloj se bogati epizodama i bizarnim detaljima. Njegova sećanja i doživljaji pokazuju se podesnim za prevazilaženje standardnog opisa situacija. Vrši se doslojavanje psihološkog i situacionog plana. Ukrštaju se pripovesti; fabulativna osnova se proširuje, kako realnim tako i apartnim pripovestima koje ovaj junak kazuje. On govori o svojim doživljajima u Kalkuti, Sumatri, Finskoj... Njegove uspomene su uvedene kao određena razlika; romansijer na taj način umnožava dodatna viđenja, ukršta psihološke i iskustvene elemente; junakove „priče" su svojevrsne ispovesti, s pretenzijom da se iskaže drugačiji realitet i istakne značajan egzistencijalni trenutak. Ilko dopunjuje onu skupinu junaka-lutalica, koji u dalekom svetu pokušavaju da ostvare svoj (moralni, psihološki) preobražaj i izbegnu zamke preživelih patrijarhalnih konvencija. Iako prost čovek, svoj život sagledava s visine duhovne slobode; u svet kreće da bi upoznao njegovo lice i naličje. Neprekidno izbegava socijalna i sudbinska određenja; njegovo bekstvo se može odrediti kao put ka preobražaju, lepoti, ljudskoj slobodi.

U romanu ne postoji samo strepnja pred delovanjem prirodnih sila, već i strah od duhovnog siromaštva, primitivnog mentaliteta. Junaci *Strepnje* oslobađaju se uskih materijalnih stega; posebno je to slučaj s Ilkom, iskazan u simbolici njegovog kovčega i predsmrtnog podsmeha, ili s Milom, koji se neprekidno zatvara u svoju laboratoriju, u svoj svet fikcije. I budući da je okrenut novelističkom postupku i selektivnom predstavljanju unutarnjeg sveta junaka, deskripcija Strezovskog je jednostavna a portretizacija odmerena i bez monumentalizacije. On u ovom delu ispunjava još jedan od zahteva realističkog romana — održava određenu distancu između autorskog pripovedača i junaka dela. I to, pre svega, u korist usavršavanja organizacije literarne građe. Ovaj autor ne teži izrazitom zapletu; u okviru integralne strukture romana pažljivo raspoređuje motive i sintaksičke jedinice. Njemu je bitno iskazivanje osnovne psihološke niti, i njeno ugrađivanje u kompozicionu celinu. On traži odgovore o smislu življenja, opstajanja. Junake je postavio opozitno prema svetu; njihovi iskustveni znaci su osamostaljeni. Izrazito su vidljiva pomeranja/potresi u prostoru njihovih unutarnjih svetova. Strezovski ne nudi razrešenja; umnožava smisao neizvesnosti pred društvenim i prirodnim izazovima.

Hristo GEORGIJEVSKI

SADRŽAJ

Strepnja — — — — — — — — — — — — 5
Hristo Georgijevski: *Doslednost jedinstvenom
stvaralačkom opredeljenju* — — — — — — — — — 137

КАТАЛОГИЗАЦИЈА У ПУБЛИКАЦИЈИ (CIP)

886.6-31
СТРЕЗОВСКИ, Јован
　　Strepnja / Jovan Strezovski ; [sa makedonskog preveo Risto Vasilevski ; pogovor Hristo Georgijevski]. — Beograd : Rad, 1988. — 144 стр. ; 18 см. — (Reč i misao. Nova serija ; 413)
Doslednost jedinstvenom stvaralačkom opredeljenju : стр. 137—144.
ISBN 86-09-00131-8
　　886.609-31
ПК: а. Стрезовски, Јован (1931—　　) — Романи

Обрађено у Народној библиотеци Србије, Београд

ISBN 86-09-00131-8

RAD
Beograd
Moše Pijade 12

*

Glavni urednik
Dragan Lakićević

*

Za izdavača
Milovan Vlahović

*

Korektor
Zorana Bogunović

*

Nacrt za korice
Janko Krajšek

*

Štampano u
4.000 primeraka

*

Štampa
GRO „Kultura"
OOUR „Slobodan Jović"
Beograd
Stojana Protića 52

www.ingramcontent.com/pod-product-compliance
Lightning Source LLC
LaVergne TN
LVHW051125080426
835510LV00018B/2242